生命教育丛书

当青春期来临

本书编写组◎编
李吉欣 徐一帆
康 雨 杨维杰 ◎编著

shengming jiaoyu congshu

Dang Qingchunqi Lailin

世界图书出版公司
广州·北京·上海·西安

图书在版编目（CIP）数据

当青春期来临/《当青春期来临》编写组编．—广州：广东世界图书出版公司，2009. 11（2024.2 重印）

ISBN 978－7－5100－1258－7

Ⅰ．当…　Ⅱ．当…　Ⅲ．青春期－健康教育－青少年读物　Ⅳ．G479－49

中国版本图书馆 CIP 数据核字（2009）第 204812 号

书　　名	当青春期来临 DANG QINGCHUNQI LAILIN
编　　者	《当青春期来临》编写组
责任编辑	黄晓霞
装帧设计	三棵树设计工作组
出版发行	世界图书出版有限公司　世界图书出版广东有限公司
地　　址	广州市海珠区新港西路大江冲 25 号
邮　　编	510300
电　　话	020-84452179
网　　址	http://www.gdst.com.cn
邮　　箱	wpc_gdst@163.com
经　　销	新华书店
印　　刷	唐山富达印务有限公司
开　　本	787mm×1092mm　1/16
印　　张	12
字　　数	160 千字
版　　次	2009 年 11 月第 1 版　2024 年 2 月第 7 次印刷
国际书号	ISBN　978-7-5100-1258-7
定　　价	49.80 元

“光辉书房新知文库”

总策划/总主编:石　恢

副总主编:王利群　方　圆

本书作者

李吉欣　徐一帆　康　雨　杨维杰

序：让生命更加精彩

在中国进入经济高速发展，物质财富日渐丰富的同时，新的一代年轻人逐渐走向社会，他们中的许多人在升学、就业、情感、人际关系等方面遭遇的困惑，正在成为这个时代的普遍性问题。

有媒体报道，近30%的中学生在走进校门的那一刻，感到心情郁闷、紧张、厌烦、焦虑，甚至恐惧。卫生部在“世界预防自杀日”公布的一项调查数据显示，自杀在中国人死亡原因中居第5位，15～35岁年龄段的青壮年中，自杀列死因首位。由于学校对生命教育的长期缺失，家庭对死亡教育的回避，以及社会上一些流行观念的误导，使年轻一代孩子们生命意识相对淡薄。尽快让孩子们在人格上获得健全发展，养成尊重生命、爱护生命、敬畏生命的意识，已成为全社会急需解决的事情。

生命教育，顾名思义就是有关生命的教育，其目的是通过对中小学生进行生命的孕育、生命的发展等知识的教授，让他们对生命有一定的认识，对自己和他人的生命抱珍惜和尊重的态度，并在受教育的过程中，培养对社会及他人的爱心，在人格上获得全面发展。

生命意识的教育，首先是珍惜生命教育。人最宝贵的是生命，生命对于我们每个人来说，都只有一次。在生命的成长过程中，我们都要经历许许多多的人生第一次，只有我们充分体验生命的丰富与可贵，深刻地认识到生命到底意味着什么。

生命教育还要解决生存的意义问题。因为人不同于动物，不只是活着，人还要追求人生的价值和意义。它不仅包括自我的幸福、自我的追求、自我人生价值的实现，还表现在对社会、对人类的关怀和贡献。没有任何信仰而只信金钱，法律和道德将因此而受到冲击。生命信仰的重建是中小学生生命教育至关重要的一环。这既是生命存在的前提，也是生命教育的最高追求。

生命教育在最高层次上，就是要教人超越自我，达到与自身、与他人、与社会、与自然的和谐境界。我们不仅要热爱、珍惜自己的生命，对他人的生命、对自然环境和其他生命的尊重和保护也同样重要。世界因多样生命的存在而变得如此生动和精彩，每个生命都有其存在的意义与价值，各种生命息息相关，需要互相尊重，互相关爱。

生命是值得我们欣赏、赞美、骄傲和享受的，但生命发展中并不总是充满阳光和雨露，这其中也有风霜和坎坷。我们要勇敢面对生命的挫折和苦难，绝不能在困苦与挫折面前低头，更不能抛弃生命。

生命是灿烂的是美丽的，生命也是脆弱的是短暂的。让我们懂得生命，珍爱生命，使我们能在生命中的每一天，都更加充实，更加精彩！

本丛书编委会

CONTENTS

目录

引　言 ………………………………………………… 1

第一篇　我们身体的变化 ………………………………… 4

从广义上说，青春期是指个体从儿童期迈向成年期的一个过渡时期，或者也可以说是从发身到发育成熟的成长期。这一时期既是个体身体、生理和性发育、发展的高峰期，也是迈向成年的预备期。从狭义上说，青春期是指伴随个体性器官发育成熟、第二性征出现以及具备生殖能力而出现的一系列复杂的心理变化的身心突变期。可以说，青春期是人生发展的第二个转折期，其年龄大致从10岁至18岁。处在青春期的孩子，不论男孩或是女孩，在身体内外都发生着许多巨大而奇妙的变化，特别是性器官与性机能的迅速发育成熟，会给青少年的身心健康带来一系列的问题。因此，了解和适应这一时期身体的变化，对于青春期的孩子来说，无疑是一件十分重要的事情。

第二篇　做个快乐的少年 ……………………………… 36

自卑感是处于青春期发育阶段的孩子所面临的最苦恼的问题之一。他们可能会痛苦地意识到没有人喜欢他、爱他，觉得自己样样不如别人，认为自己是一个失败者、一个不幸的人，甚至认为自己的人生本身就是个悲剧。

自卑感对于青少年青春期的成长影响非常大，师长必须给予干预，帮助他们克服自卑感，重树自信和自我价值感，确立正确的自我意识。否则，不仅会产生不良的后果，阻碍他们的成长与发展，甚至会使他们风华正茂的生命过早地消逝。

第三篇　我不想与父母较劲 ………………………………………… 73

随着青春期生理的变化，青少年的心理同时也发生了相应的变化，其中逆反心理在孩子中表现得尤为明显。强烈的逆反性、对抗性对孩子的心理发育、日常学习和生活都是有害的，如果任其发展，将有可能造成孩子的心理缺陷，严重的甚至会影响将来的生活、学习和工作。因此，认清逆反心理的实质，帮助孩子克服逆反心理，对大人来讲是非常重要的。

第四篇　男女有别吗 ………………………………………………… 94

进入青春期，少男少女们的心理和生理逐步走向成熟，因而在现实生活中，我们可以看到一颗颗怀着春情的心在徘徊、在冲动、在痛苦、在向往中产生出一个又一个问号，困扰在异性的神秘之中。这是青春期给人带来的一种正常的心理和生理反应。如何与异性合理相处，这是处于青春期的青少年必须解决好的问题。

第五篇　成为受欢迎的人 ………………………………………… 116

有调查表明，30%的中学生存在不同程度的人际关系问题，人际交往问题已经成为困扰青春期发育阶段的孩子比较常见的问题。青春期是形成健全人格和培养人际交往能力的关键时期，帮助孩子学会处理人际交往中的问题、掌握人际交往的技巧、拥有和谐的人际关系，一方面可以让他从与他人的交往中调整自己的言行，另一方面可以让他自己化解孤独感，增强自信心，为将来的成功打下坚实的基础。

第六篇　做好自我保护 …………………………… 146

社会环境的复杂化与学校教育的程式化，造成学生在自卫认识和能力方面的严重欠缺。总体上说，社会制度给青少年提供了一个光明、健康、积极向上的社会环境。但是，毋庸讳言，社会生活中仍然存在阴暗角落、污秽潜流、颓废思想、丑恶的现象。处于青春期的孩子尽管生理上开始成熟，但心理发展相对滞后，社会经验的积累还不够，造成青春期的孩子很容易受到各种伤害，因此必须重视青春期孩子自我保护意识的确立，并培养其自我保护的能力。

附录　趣味小测试 ……………………………… 169

测试一　青春期的心理转折 ………………………… 169

测试二　你的自信感有几分? ……………………… 171

测试三　你是受欢迎的人吗? ……………………… 174

测试四　你的自我监控力如何? …………………… 176

测试五　你的自我管理能力如何? ………………… 178

引 言

青春期大致界于10岁到18岁之间。人类学家玛格丽特·米德早在20世纪50年代就将青春期界定为“过渡时期”，因为，青春期是一个“可以不必把他看做是一个孩子”，但也不能认为他是一个成年人的特殊时期。我国对青春期的认识有“危险期”“反抗期”“过渡期”“第二次断奶”等。说它是“危险期”，是因为其中蕴藏着巨大的能量，如暴风骤雨充满了许多变数；说它是“反抗期”，是因为在成年人看来他们有强烈的“离心”倾向和逆反心理，失去了往日的温顺；说它是“过渡期”，是因为这个时期的人既不能看做是小孩，也不能看做是成人；说它是“第二次断奶”，主要是从心理上讲的，一方面依赖父母，另一方面又要摆脱对父母的依赖，游离于二者之间，显得无所适从。总之，由于激素的作用，青春期的少年经历了前所未有的身心变化。人自我的建构和确认正是在这个时期进行的。

按美国哈佛大学心理学教授艾瑞克逊的心理社会发展论，人生的每一时期，均可视为一个“危机与转机”的关键，青少年期心理危机与转机表现在自我统合和角色确认上。发展顺利，就自我观念明确，追寻方向肯定；发展遇到障碍，就会表现为生活缺乏目标，常常感觉彷徨迷失。一般都要经历迷茫、困惑的阶段，只是时间长短不同而已。我们做家长的经常会看不惯孩子的忧郁、叛逆、自我，而很少去体味这种变化给孩子带来的困扰。

青少年期又是个体身心全面发展的时期，如心理学家霍尔所说："此时的男孩和女孩们处于一个骚动的年龄，一个与情绪冲动、精神混乱有着必然联系的发展阶段。"青春期的"异性效应"突现出来。处于青春期的少男少女对异性好奇、有好感，想接近异性是正常现象，也是性意识发展到一定阶段的必然表现。尤其是少女呈现出一种非常复杂与矛盾的心境：既关注异性的举止神态，希望得到异性的青睐，而又把这种愿望埋在心底，表现出拘谨与淡漠、矜持与羞怯，以单恋或暗恋的形式表现出来，一厢情愿地倾慕和热爱。其实单恋多是一场情感误会，是青少年"爱情错觉"的产物，多是受对方言行举止的迷惑，或者受自身的各种主观体验的影响而错误地主动涉入爱河，还有的是因自以为某个异性对自己有意而产生爱意绵绵的主观感受。单恋或暗恋较多地出现在性格内向、敏感、富于幻想、自卑感较强的人身上。首先是自己觉得爱上了对方，于是也希望得到对方的爱，在这种弥散作用的心理支配下，就会把对方的许多无意识举动理解为有意暗示。他们会体会到一种深刻的快乐，但更多会体会到情感的痛苦。

青春期教育一直是社会上的一个难点，目前学校和家庭教育都存在相当多的误区。

一是我们并不了解这个年龄段孩子的心理，总是以管代导、以防代育。我们做父母和老师的，生怕孩子谈恋爱，因此像防贼一样，一见男女生走得近些，就如临大敌般进行轮番说教、隔离，而此类举动往往激起孩子的叛逆、好奇，反而使他们不为爱情也要走到一起，甚至做出许多过激的事情以向家长和老师示威，最后搞得两败俱伤。

二是父母、老师特别关注孩子初、高中的学业，对这个时期孩子的身心变化大多不甚了解，时刻警惕着他们“变坏”，于是孩子的叛逆、独立、孤独遭遇父母、老师的盯梢、唠叨、严厉管教，就碰撞出矛盾，有时甚至到孩子堕落、家长绝望的境地。

现在的青少年渴望独立、挣脱羁绊，不满家长、老师的说教，总喜欢个人尝试，通过尝试成长，而不愿因循守旧、循规蹈矩，一切行事的出发点都是自己，“我想怎样”“我要怎样”，对“我能怎样”“我该怎样”考虑得比较少，因此，很多青少年凭借感觉行事，变得敏感、忧郁、孤独，似乎一下子要与过去的自我做感伤的告别。

有一位作家曾描述“青少年都是刚刚升起的太阳”。在这个黄金时期，人生道路该怎样走？生活的真谛是什么？如何正确处理学习工作恋爱婚姻？……这都是青少年应该认真思考的问题。尽管在这一段时间内，个人的思想逐步形成，接受外界的影响也日益增多，自我行为有了相当的独立性，但是由于他们的经验不足，很难一下子找到打开生活迷宫的钥匙，这就要家长、老师和社会一起来理解、帮助他们，让他们顺利走过这人生的最重要关口。

第一篇　我们身体的变化

从广义上说，青春期是指个体从儿童期迈向成年期的一个过渡时期，或者也可以说是从发身到发育成熟的成长期。这一时期既是个体身体、生理和性发育、发展的高峰期，也是迈向成年的预备期。从狭义上说，青春期是指伴随个体性器官发育成熟、第二性征出现以及具备生殖能力而出现的一系列复杂的心理变化的身心突变期。可以说，青春期是人生发展的第二个转折期，其年龄大致从10岁至18岁。处在青春期的孩子，不论男孩或是女孩，在身体内外都发生着许多巨大而奇妙的变化，特别是性器官与性机能的迅速发育成熟，会给青少年的身心健康带来一系列的问题。因此，了解和适应这一时期身体的变化，对于青春期的孩子来说，无疑是一件十分重要的事情。

Frankie：妈妈，开学了，我特别高兴！当中学生实在是太好了，教室变大了，桌椅变高了，课程也变得丰富多彩。最让我高兴的是，我们的班主任老师不再像小学老师那样什么都管，她给了我们更多的自由空间，而且这个老师说话的语气很和蔼，脸上总是带着笑容。在我们做错事的时候，老师不会不分青红皂白地教训我们，常常是问清缘由以后再给我们讲道理。哈哈……太高兴了！

经过一个假期，很多同学都明显地长高、长壮了。不过，有很多事情让我纳闷：许多男同学的嗓音都变得又粗又沉，很多女生也不再苗条了，都变得胖胖的！许多同学脸上还冒出一些红点点。难道这就是传说中的青春期吗？如果是，是人人都要变成这样吗？我可不希望也变成这样！因为这样太丑了，粗粗的嗓音唱歌一定特别难听！妈妈，怎样才能不变成这样呢？

妈妈：你的成长是让妈妈特别高兴的一件事！5 年前你甩开妈妈的手，独自背着小书包神气地走进学校的大门，成为一名小学生，想想这一切仿佛还是昨天的事情。转眼间，你小学毕业了，小书包变成了大书包，小男孩长高了、长壮了，不再把老师当做神仙来崇拜，开始从自己的感受来评价老师。你让妈妈看到了变化，这种变化就是成长呀！

我们人类的一生都要经历从婴儿、儿童、少年、青年、成年到衰老这样几个阶段。这种变化就是我们人类的成长，就是我们人类的发展。青春期是人告别少年时代，迈向成人时代必须经历的阶段。

男孩子在 12 岁左右就开始进入青春期了，女孩子比男孩子要早一些进入青春期。你发现很多同学嗓音变粗了，就说明他们的青春期开始了，小男孩开始变成“男人”了！你发现有些女生开始变胖了，说明她们的青春期也已经开始了。

青春期不仅是声音有变化，还有其他的变化。我们身体的很多器官，从青春期开始会进入一个发展的新阶段——就是通常说的“迅速发育”阶段。进入青春期后，男孩子的睾丸会明显增大，并开始分泌“男性激素”——雄性激素。在这种神秘激素的作用下，男孩子的身体会发生一系列的变化。这些变化，有些从外表就能看出来：出现喉结、腋毛，长出胡子，开始变声，身高猛地增长很多。还有些变化，不是表面的，是别人从外表看不出来的：你的“小弟弟”——阴茎要开始变大了，在“小弟弟”的附近——阴部还会长出阴毛，出现遗精现象。一般来说，这些变化要持续几年，大约到19～22岁，这一系列的发育才算完成，到那时，小男孩就成为真正的男子汉了！

这些青春期身体发育出现的一系列变化就是人体的“第二性征”。

Frankie：我班的同学都差不多大，为什么有的同学已经进入青春期了，有的同学还没有进入青春期呢？我们这些还没进入青春期的同学是不是有什么问题呀？

妈妈：世界上没有两片相同的树叶，也没有两个完全相同的人。人和人是存在个体差异的，就像同时播下的种子不一定同时发芽一样，每个人的生长发育都有自己的时间表和规律。我们所说的男孩子青春期开始的时间，只是个平均值、参考值，并不是大家“齐步走”的。当然，也有性早熟和性晚熟的现象。

一般来说，如果男孩子在10岁以前就已经开始了性发育，就被认为是性早熟。性早熟的孩子，身体发育的次序常常与正常青春期发育的次序类似，同时伴随着身体的加速生长，从而使得身高增长和肌肉发育加快。因为这些孩子会有骨骺的提前闭合的情况，虽然生长发育早，但生长发育持续的时间短并较早停止。另外，男孩子喉结隆起、变声、肌肉发达等第二性征在10岁前出现，首次遗精出现在十一二岁，即使没有其他特征，也被认为是性早熟。性早熟的孩子，其身体显著高于同龄儿童，但到青春期之后，因为生长持续短、较早停止，反而显得略为矮小。除此之外，性早熟对人也没有什么太大的不利影响。性晚熟，就是指青春期应该出现的发育延缓或滞后。从性发育和身体发育的观点看，如果在14岁时，男孩子的睾丸还不发育，15岁还没长出胡须，就可能是性晚熟。而正常人从第二性征开始出现到具有成人的特征，一般需要经过4年的时间。如果从出现青春期身体发育特征到生殖器官发育完善的时间超过5年，也要考虑有性晚熟的可能。性晚熟本身对人来说并没有多大的不利影响，但是，如果因此而形成心理负担则会对人有不利的影响。

Frankie：我马上就到12岁了，也就是说青春期马上就要来了，这些变化是一下子都出现吗？

妈妈：人的发育有一个过程，青春期的变化也是这样的，身体的发育是有一定顺序的。男孩的发育顺序大致是这样的：11～12岁，男孩子的睾丸开始增大，并大量制造雄激素。之后，喉结会出现，阴茎会增大，你特别在意的身高也开始快速地增加。13岁左右，你会发现阴茎根部的两侧长出颜色浅而且细的体毛——阴毛。这个时候，你的睾丸还在继续增大，阴茎也长得很快。14岁左右，男孩子进入变声期，说话的声音会变粗。虽然男人不像女人一样有突出的乳房，但还是会觉得乳房发胀。腋毛从腋窝中央开始长出。15岁左右，阴囊的颜色会逐渐变深，腋毛从腋窝中央开始向周围扩散。从上唇两侧，开始有细细的胡须长出来，并逐渐向中央增长。睾丸发育基本成熟，所以男孩子会出现遗精，这也说明开始有性欲了，成为真正意义上的“小男子汉”。16~18岁，很多男孩子会长青春痘，面部和身体上的汗毛变得越来越浓密。19~22岁，男孩子基本完成了青春期身体发育的过程，身材变得高大、强壮，声音低沉、有力，就是个真正的男人了。

***** ***** ***** *****

Frankie：原来是这样呀！那我希望我的青春期快点来吧！我很想变成一个真正的男子汉，我想变成电影里那样的男子汉：高大、威猛、强壮，太酷了！

妈妈：妈妈也觉得高大的男人很帅。不过，你知道身高的秘密吗？人的身高主要依靠骨骼的增长。支撑我们身体的骨骼上有一层骨骺，在骨骺和骨干之间有一个软骨层，软骨层的细胞不断增长并吸收钙离子，使新的细胞骨化，骨骼就一点点加长，你就一点点长高了。

影响身高的因素很多，但主要是遗传和环境两个方面。

遗传是说如果父母身材高大，子女身材高的可能性就很大，这是我们自己决定不了的因素。不过不用失望，我们还有可以控制的因素——环境因素。环境因素是后天因素，环境因素对于我们骨骼生长的作用也很重要。环境因素包括这样几个方面：一是营养因素，营养因素对于身体的发育非常重要，主要指我们在成长过程中的营养供应是否全面、均衡、充足，比如食物中钙和磷的搭配是否合理在身体发育过程中对于身高的影响就很大。第二个环境因素是疾病因素，疾病会影响骨骼的发育，比如控制生长激素分泌的脑垂体如果发生问题，就要影响骨骼的发育，无论是分泌过多或过少都会影响我们的身高。第三个环境因素就是体育锻炼，体育锻炼不仅可以增强体质，还有利于长高呢！所以，想要长高就要从这些我们自己可以控制的因素下手。

Frankie：班里有的同学长得特别高，而有的同学都变声了，但好像没怎么长个。他不会是不长了吧？

妈妈：不用担心。人的身体发育速度存在着很大的个体差异。有的男孩子可能在 12 ~ 13 岁的一年里就增高 12 厘米，而以后就几乎不再长了，这种人属于早发育型——发育早、速度快、发育时间集中。而另外一些男孩子，可能要到14岁、15岁时身高才开始加速增长，且每年增长都不多，也就4～5厘米，但是这种增长持续的时间长，甚至到23岁后还在长，最后就会超过原来比自己个子高的同伴，这种人属于晚发育型——发育晚、速度较慢，但发育时间长。所以，说不定若干年后，现在个子矮的同学会超过现在的那些“高个子”同学呢。

当然，妈妈刚才告诉你了，身高在很大程度上受遗传因素的影响，这是我们无法改变的。如果真的身材矮小也是没有办法的。我们需要学会接纳它、欣赏它，通过其他方面来增加自己的吸引力。

***** ***** ***** *****

Frankie：你刚才说在青春期男孩子的“小弟弟”也会开始变大，会长到多大呢？我们上游泳课洗澡的时候，我看到“小弟弟”有大有小。

妈妈：人和人怎么可能完全一样呢？就像人的身材有高有矮、有胖有瘦，人的阴茎也会有个体差异。

生理常识告诉我们，海绵体是阴茎的重要组成部分。海绵知道吗？它有很大的胀缩性。所以，尽管阴茎在疲软状态下看起来长度差异很大，但在勃起之后差异就很小了。因此，只要阴茎在青春期之后有显著增大就是正常的，相对小一点也是正常的。一般来说，经过青春期发育成熟的阴茎，在平时长度会有7.0～9.8厘米，直径大约为2.6厘米。

有人认为，阴茎大的男子勇敢，更有男子气概；还有人认为，阴茎大小与身材是否高大、肌肉是否发达有关。事实上，阴茎大小与这些毫无关系。

*****　*****　*****　*****

Frankie：您刚才提到“雄激素”，雄激素是什么东西？是生病时大夫开的一种叫激素的药一样的东西吗？

妈妈：对于男性来说，雄激素是非常重要的，应该详细地了解清楚。我这里说的雄激素跟医院大夫经常说的激素类的药物不是一回事。

人体的内分泌系统包括垂体、甲状腺、肾上腺、胰腺、性腺、甲状旁腺等，都会不断分泌出各种激素。在婴幼儿和整个儿童期内，内分泌系统的激素量几乎没有变化，而且也没有明显的性别差异。也就是说，无论是男孩子还是女孩子，分泌的量都是大致相等的。但是到了青春发育期后，内分泌系统分泌的激素量明显增加，并开始因为性别的不同而出现激素分泌上的差别。

雄激素也叫男性激素，主要是由睾丸分泌的，也有一部分是由肾上腺皮质分泌的。它是人体中产生的一类化学物质，主要作用是刺激雄性器官发育成熟，维持正常性欲；促进精子发育成熟，促进精囊、前列腺、阴茎等的发育并维持在成熟状态；促进蛋白质的合成和骨骼肌的生长，使肌肉发达，抑制体内脂肪增加，刺激红细胞的生成和长骨生长；促进第二性征的形成。所以，随着青春期的到来，雄激素的分泌增多，男孩子就会出现喉结开始增大、声带肥厚变宽并变声、出现阴毛并逐渐浓密等身体变化，并逐渐向成年过渡，从生理、心理、社会适应能力上都由不成熟走向成熟，这些都是雄激素的神奇作用。

雄激素、雌激素在男女体内都有，只是男性体内以雄激素为主，而女性体内则以雌激素为主。雄激素不足，不但影响男孩子身体的生长发育，还会导致性功能低下，甚至出现女性化特征。举个比较极端的例子，如果男性失去睾丸，会因为缺乏雄激素，而出现胡须脱落、嗓音改变等男性第二性征的变化。

但是，人体性激素是要维持在一定水平内的，除非有异常变化而需要补充，一般不能乱用激素补充剂，否则会导致内分泌失调，影响身体发育和健康。科学家研究发现，激素虽然由内分泌腺产生，但也受到中枢神经系统的影响，情绪变化会通过反馈机制而促进激素的分泌，使男青年身体健壮、双目有神、皮肤光润，更具男性的阳刚之美。所以，要成为英俊潇洒的男子汉，保持积极向上的心态也很重要。

* * * * *　* * * * *　* * * * *　* * * * *

Frankie：我明白青春期身体会发生这么多的变化了，懂得青春期是我们在成长过程中必须经历的一个正常阶段，我也很盼望青春期的到来，因为我盼望长大。但我还是不太喜欢变声，因为班里变声的男生说话都特难听，唱歌时高音上不去低音下不来。

妈妈：你觉得班里有些男生说话唱歌都不好听了，这是因为他们都处于变声期。幼儿时，我们的声带只有 8 ~9 毫米长。而到了青春期后，咽喉的甲状软骨急剧增大，喉结变得明显了，声带也长到 17 毫米长。事实上，不论男孩子还是女孩子，进入青春期后声音都会发生变化，只不过是男孩子变声比女孩子更明显罢了。

为什么进入青春期后会变声呢？这是因为人的声音主要是由声带振动产生的，而声带的振动与喉头的发育有关。进入青春期后，由于雄激素的作用，男孩子的喉头迅速发育长大，变得突出，形成男性特有的喉结。同时，位于喉头里的声带也同时增长、增宽、增厚，发出的声音就会逐渐降低，男孩子细而高的童声渐渐消失，取而代之的是粗而低沉的声音。这就是人们经常说的青春期变声。这是青春期十分正常的生理现象和发育过程，每个男孩子都要经历。你现在觉得变声期的同学说话不好听，是因为还不习惯他们的变化，等过一段时间，你也开始变声了，你也就适应这种变化了，就会发现变声后的声音又有另外的美。你想想，你喜欢的歌手中很多都是男生，他们的声音你讨厌吗？

*****　*****　*****　*****

Frankie：我还发现有些男生的脸上起了一些小痘痘，这也跟青春期有关吗？我也不喜欢脸上有这些东西，太不好看了。

妈妈：这些“痘痘”的确跟青春期有关。“痘痘”的学名是“痤疮”“粉刺”，除了会长在脸上，也有的长在背部、肩上。因为多发于青春期而常被叫做“青春痘”。

人的皮肤内有皮脂腺，能分泌皮脂来保护皮肤的润泽和弹性，面部是皮脂腺分泌较多的地方。青春期来临时，性腺逐渐发育成熟并开始分泌性激素，于是刺激皮脂腺，使它比以前更活跃，皮脂的分泌也比以前多。这么多的皮脂无法完全从皮脂腺的导管排出，长时间聚集在毛囊里面，和毛囊口脱落的细胞、外界的灰尘混在一起堵塞了毛囊口。同时，当油脂分泌太过旺盛时，毛囊就变成富含游离脂肪酸的环境，毛囊中原本就存在的痤疮杆菌变得活跃起来，加上毛孔堵塞造成的缺氧环境都有利于痤疮杆菌的生长，大量的痤疮杆菌刺激毛囊局部形成炎症，皮肤上就会出现一个个鼓起的痘痘。因为皮脂腺的分泌与雄激素有关。雄激素会影响毛囊皮脂腺的生理代谢，使皮脂腺分泌增多，毛孔角质栓塞，形成痘痘。而男性体内的雄激素含量比女性要高得多，这也是为什么男性的肤质较为粗糙油腻，脸上也更加容易"出油"的原因。而青春期正是男孩子雄激素分泌旺盛的时候，这就使得男孩子更容易长痘痘。

Frankie：啊，这太不公平了！难道连老天在这些方面都偏向女生吗？

妈妈：哈哈！不用担心。长痘痘是青春期发育过程中很常见的现象，大部分人在这个阶段都会或多或少地"脸上开花"。但这对于身体的健康没有什么影响，而且随着青春期的结束和体内雄激素水平逐渐恢复正常，痘痘大多都会自然消退。另外，压力增大、熬夜、劳累时，肾上腺会分泌对抗压力的皮质醇，它和雄激素相似，也会影响皮脂腺的代谢。正是因为这些内分泌的变化，造成了痤疮的反复出现。痘痘与遗传也有一定关系。如果父母都是油性皮肤，孩子也是油性皮肤的可能性就很大，也就容易长痘痘。

Frankie：既然一定会长，那有没有什么办法能少长些呢？

妈妈：当然有方法了。要减少痘痘，最重要的是从日常的清洁、护理以及饮食上注意。首先，可以每日用温水、香皂、洗面奶洗脸 1 ~ 2 次，洗掉脸上的油脂和灰尘，使毛囊口的排泄畅通，避免形成栓塞。第二，不使用香脂类和油性的化妆品，不可自行挤破痘痘，可避免发生感染、留下疤痕。第三，痘痘与饮食有很大的关系。动物性脂肪及其加工制品或奶油、油炸食物等会促进皮脂腺的分泌，促使痘痘生长及恶化，所以记得要少吃那些垃圾食品。另外，香、辣、刺激性调味品及酒也有促进微血管扩张的作用，因而也可刺激皮脂腺分泌过剩，使皮肤长出痘痘。而蛋糕、巧克力、冰淇淋等一些你们小孩喜欢的甜食也是诱发痘痘的重要因素，因此要想皮肤好，这些甜食也要控制哟！

Frankie：我看到班里有个女生特臭美，经常对着小镜子用手挤，这是好方法吗？

妈妈：脸上的痘痘千万不要用手挤呀！很多人，尤其是女孩子会非常在意自己的“面子”，尤其怕别人注意到自己脸上的痘痘。一旦发现脸上有痘痘了，就会用手去挤。有时候轻轻一挤痘痘，会发现有一小颗白色的像豆腐渣一样的东西被挤出来，有时也会因为空气氧化和灰尘污染而挤出黑色的东西，会使痘痘看起来小了很多。但你们注意过吗？挤过的痘痘，会在挤掉的地方出现一个小孔、小创口。而通常手上总是有细菌，空气中也有很多灰尘和污染物，手上和空气中的细菌就可以轻而易举地进入这些小创口，造成面部皮肤感染，反而使痘痘变得更红、更肿，严重时还会化脓，好了也常常会留下褐色的疤痕。如果炎症侵入到皮肤深层，好了之后也可能留下小坑，这就更影响美观了。长痘痘是青春期的正常现象，每个人多多少少都会长，大家彼此彼此嘛。所以千万别挤哟！

如果脸上长了痘痘，为了防止感染，可以用蘸有酒精的棉签涂抹长痘痘的地方，局部感染的可以涂抹少量的红霉素软膏。如果痘痘数量较多，还伴有局部红肿和炎症时，要及时去皮肤科治疗，千万不要自己随便处理，否则很可能会弄巧成拙。

* * * * *　* * * * *　* * * * *　* * * * *

Frankie：我发现很多女生这学期也有很多变化，她们的青春期也开始了吧？

妈妈：女生的发育比男生要略微早一些。10 ~ 12 岁，多数女生就开始进入青春期了。进入青春期的女生同男生一样，身体也会发生很大的变化。她们也会同男生一样出现所谓的“第二性征”。经过青春期后，男生和女生就会大不一样了，无论是身体还是性格都会改变。刚才妈妈告诉你，经过青春期，男生体内的雄激素大大超过雌激素，使得男生显现出男性的各种特征。女生则正好相反，进入青春期后，女生的性腺发育起来，在垂体分泌的激素的作用下，女孩子体内会突然增加很多的雌激素，于是女生就出现了乳房发育、月经等女性特征。

Frankie：我是发现很多原来瘦瘦的女生，从去年开始突然变胖了。

妈妈：哈哈，不是变胖，那说明他们发育了。女孩子的发育跟男孩子一样是分阶段的。青春期女孩子的身体变化，像蛹儿化蝶一样神奇，他们的变化也跟你们男生一样有些是显露在外的，有些却是“隐身”的。整个青春期是女孩子第二性征发育的时期，发育顺序大致如下：8～9岁：骨盆开始变宽，皮脂腺分泌增加，但大家不会察觉什么。10岁左右：皮下脂肪变厚，臀部变得圆起来，乳房开始发育了。11～12岁：乳房继续发育、稍微鼓起；在阴部，准确地说是在大阴唇周围和耻骨部位的表皮长出阴毛，开始进入变声期，声音变高、变细。13 岁左右：乳房显著增大；阴毛越来越多，逐渐接近成人，且腋下也开始长出腋毛，这前后，很多女孩子的个子开始猛长；之后，很多女孩子就会有“初潮”——月经。14～15 岁：乳房基本发育成熟，胸部更加丰满了；手臂、臀部更加浑圆，腰部相对较细，骨盆明显变宽，身材逐渐显出女性的特征；生殖器官开始发育，月经周期基本形成。到 18 岁左右：乳房继续发育成熟，月经周期形成规律，性器官发育进入成熟期，身体发育得更加匀称，已经接近成年人，就真的成为一个大姑娘了。

*****　*****　*****　*****

Frankie：女生也变声吗？

妈妈：青春期发育的另外一个标志——变声。男生、女生都要经历这一阶段。变声期一般在 13 岁左右，所需的时间从 3 个月到 1 年，甚至更长一些都有可能。进入青春期，无论男孩、女孩，呼吸系统发生了非常大的变化，甲状软骨发育、喉腔迅速增大、声带逐渐加长并发生厚薄宽窄上的变化，女孩子的声带从幼童时的 6～8 毫米逐渐增长到 15～18 毫米，男孩子增长得更多些，这导致了男女儿童的声音出现改变。进入变声期，女孩子的声音变化不是非常明显，但比儿童期要更尖些、更细些，显得清脆、柔美、纯净。而男孩子声音变化更加显著，慢慢脱离了以前男孩、女孩差不多的童声，变得低沉些、浑厚些。

经过变声期，无论男孩、女孩都会形成自己的、固定的、跟随你一辈子的声音特色了，这也是展现个人风采的一个重要方式。所以，在变声期要注意保护好嗓子，比如多喝水，别总是搞得口干舌燥、嗓子冒烟；多吃蔬菜、水果，少吃辛辣刺激和油腻的食物，更不能因为好奇沾染烟、酒；在日常生活中，不要大喊大叫，不要过分使用声带，以防声带疲劳、充血甚至撕裂；还要坚持体育锻炼，增强身体抵抗力，尽量预防和避免呼吸道疾病等，来帮助自己平安地度过变声期。

***** ***** ***** *****

Frankie：刚才您在给我讲青春期男生发育外部特征时告诉我，男生的乳房在青春期也会发育，那它跟女生的乳房发育有区别吗？

妈妈：男孩、女孩的性别差异是由染色体决定的，这就是第一性征。而所谓第二性征，是指区别男女性别差异的一些外部特征。男孩子青春期的变化我们已经讲过了，而女孩子到了青春期，则会出现乳房隆起、骨盆宽大、体态变丰满、音调变尖细等变化，长出阴毛和腋毛，还会出现月经等，这都是女孩子青春期发育的正常现象。胸部是由乳腺、脂肪和富有弹性的结缔组织所构成的。在青春期前，乳房和其他性器官一样处于“休眠”的状态，进入青春期后，女孩子身体里的雌激素开始发挥作用，而乳房是对雌激素最敏感的器官，最先被叫醒，最先开始发育，所以胸部的发育就成为女孩子青春期发育的第一个信号。胸部乳房发育后，女生会显得比以前更丰满了。

Frankie：女生的乳房一定比我们男生的更娇气吧，因为我发现那些发育的女生在上体育课的时候特小心地保护自己的胸部。

妈妈：女孩子乳房发育过程中会出现轻微胀痛或痒痒的不舒服感觉。而且，在女孩子的乳房刚刚开始发育还不成熟的时候，的确非常需要保护。一旦被碰到、撞到会很疼，碰撞较重时还会对她们的身体造成伤害。要知道，女性的乳房对于她们的一生都是很重要的，所以需要很好地保护。

因此，你们男生在与女孩子一起参加各种活动时，你们也应该注意不要伤害到她们。

Frankie：看电视广告说，“做女人挺好”，这是说女生的胸大比胸小好吗？

妈妈：看来电视广告的导向有问题哟！女生乳房的发育受遗

传、内分泌、营养等很多因素的影响。乳房发育的早晚、快慢，跟大小没有任何的必然联系；乳房的大小和形状，与成年后生育、哺乳的能力更是一点关系都没有。所以女生的乳房无所谓大好还是小好，跟男生的阴茎一样，健康就好。

***** ***** ***** *****

Frankie：男生的青春期发育有外表能看到的变化，还有别人从外表看不到的变化，女生有没有从外表看不到的变化？

妈妈：有呀。女生和男生在青春期来临时，生殖器官都一样会有变化的。

女生的生殖器官也分为外生殖器和内生殖器。外生殖器也被称为外阴，女生的生殖器官中只有外阴可以看见。外阴包括阴阜，就是下腹部长出阴毛的地方。再往下左右各有一片大阴唇，在每片大阴唇里面，又各有一片浅红色的小阴唇；两片小阴唇上端连接的地方是阴蒂；阴蒂的下面是尿道口，也就是小便的地方；尿道口再往下是阴道口。尿道口和阴道口所在的这个菱形区域也叫做阴道前庭。从阴道口向内，就是阴道，它是连接内外生殖器的通道，属于内生殖器的一个部分。阴道是一个扁平的管道，伸缩性很大，到青春期时女孩子的阴道变长，大约有8～10厘米。阴道的内口就通过子宫颈与子宫相连，成为月经排出的通道，也是将来做妈妈时分娩产出胎儿的通道。

* * * * *　* * * * *　* * * * *　* * * * *

Frankie：月经是怎么回事呢？每次上体育课的时候，总有几个女生跟体育老师请假说“那个来了”，她们说的是月经吗？

妈妈：女孩子在乳房发育后1~2年，就会开始来月经。女孩子初潮的年龄在11~15岁，平均年龄为13岁左右，有些女孩子来得早一些，有些却晚一些，这都是正常的。

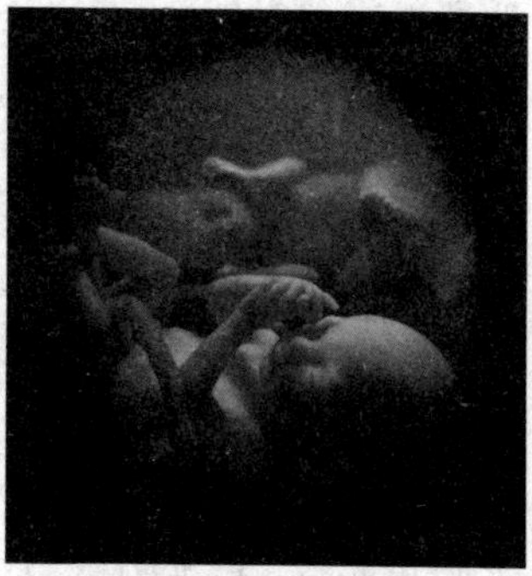

子宫里的双胞胎

刚刚讲过女性生殖器官中的外生殖器。阴道内口通过子宫颈连接着子宫，也是胎儿生长发育的地方——“孕育宝宝的宫殿、胎儿发育的宫殿”。子宫的两侧各有一条细细的输卵管，输卵管远端靠近左右两侧的卵巢。阴道、子宫、输卵管、卵巢构成女性的内生殖器。每个女性从出生起，卵巢中就有约40万个卵子。但在未成熟状态下，被卵泡所包裹，称为原始卵泡。进入青春期，垂体开始分泌促卵泡生成素时，激素即对卵巢中的卵泡产生作用，促进其成熟，并在一种称为黄体素的物质的作用下，将卵子释放出来——这一现象称为排卵。释放卵子的卵泡成为黄体，它分泌的黄体酮使子宫内膜继续增厚和充血，以备接受及滋养受精卵之用。这时，子宫已经为孕育一个新生命做好了准备。这时如果受精，受精卵就会着床于子宫内膜，即所谓的怀孕。如果没受精，子宫内膜就会脱落，并与卵子一起经阴道排出体外——这就是经血。因为正常的月经周期在22～32天，也就是说在正常情况下，一个成熟女性大约每个月都要经历这样的过程，所以叫做“月经”。这是女孩子在青春期所出现的一种正常的生理现象。

Frankie：为什么她们来月经的时候可以请假不上体育课，是她们太娇气了吧？

妈妈：不是她们娇气。在每次月经来潮之前，女性盆腔内的器官便会开始充血肿胀，并要一直持续到本次月经结束。再加上月经期间子宫壁的肌肉要不断收缩，以便排出萎缩脱落的子宫内膜和经血，所以在行经的第一二天，会出现腹痛、腰痛的现象。在月经前几小时或月经期间，会出现下腹部、腰部的剧烈胀痛、绞痛甚至阵痛，有时还会伴有恶心、呕吐或出现头晕、面色苍白、手脚冰凉、全身出冷汗甚至突然晕倒等经前期综合征或痛经现象。青春期女孩子的卵巢内分泌功能发育还不完善，下丘脑—垂体—卵巢三者之间的平衡关系还没有很好地建立，卵巢的内分泌活动常会出现一些异常的反应，更容易出现经期不适，使神经、精神处于不稳定的状态，造成情绪不稳定甚至反常。所以，女孩子在这些天是需要照顾的，因为身体的原因而需要减少或避免剧烈运动。

* * * * *　* * * * *　* * * * *　* * * * *

Frankie：为什么老天又照顾女生了，让她们有月经，让她们在来月经时受照顾！我们男生难道就不能也分泌点什么吗？

妈妈：哈哈！别急！青春期开始后，由于雄激素的作用，睾丸内的精原细胞开始大量繁殖。每个精原细胞要经过 72 天的分裂，最终变成 4 个精子，其中 2 个是 X 型，2 个是 Y 型。精子的生产，不是一个个进行的，而是一个连续的过程。虽然每个精子的发育，要经历 2 个月的时间，但对于成熟的正常男性来说，每天都有 5 000 万个新的精原细胞产生，并同时进入分裂的过程，就是这样连续不断、周而复始，每天都会产生 2 亿个成熟的精子。

当精子从睾丸产生出来后，会进入附睾继续发育成熟，然后通过与附睾相连的输精管和精囊的排泄管合起来成为射精管，开口到尿道，便是精子排出体外的途径。

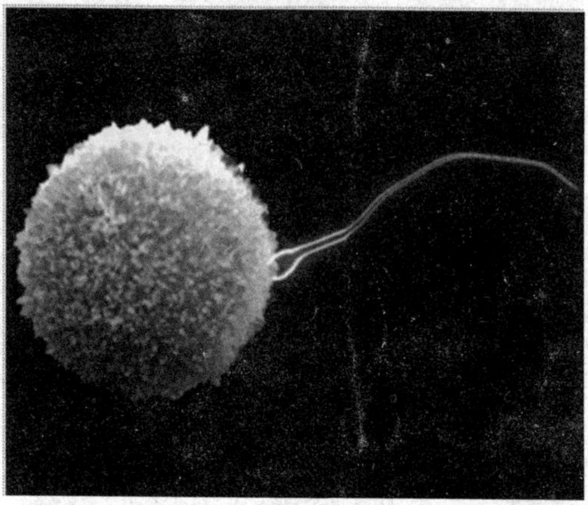

形似蝌蚪的精子

睾丸产生的精子、分泌物和附属腺体如前列腺、精囊、尿道球腺体等的分泌物混合组成了精液。前列腺液、精囊液和尿道球腺分泌的少量液体合称精浆。精浆就像是精子的传送带，是输送精子所必需的介质，同时也为精子提供能量和营养。

精液的主要成分是水，占精液的 90% 以上。而精液的有形成分中，除了成熟精子外，还有 1% 的其他细胞，如未成熟的精原细胞、精母细胞以及脱落的上皮细胞等。除细胞成分外，精液里还有脂肪、蛋白质、色素颗粒、无机盐、果糖等。精液的颜色是灰白色或者略微发黄，有一定的黏稠性和某种臭味。

Frankie：女生的卵子会每个月通过月经流出来，我们男生的精子也会排出来吗？

妈妈：问得好！男生的精子也会排泄出来。有句老话说：精满则溢。男孩子进入青春期发育后，睾丸就会不断产生精子，每天要生产2亿个成熟的精子呢。而同时，精囊和前列腺等也不断地产生分泌物。随着精子和分泌物的不断产生，体内储存到一定量时，就再也没有空间储存了，就像水桶满了，水必然要流出来一样，精液也会自动地从尿道排出来，给后面发育成熟的"新鲜"精子腾地方，所以就会出现遗精。正常的遗精不会对身体产生什么不良影响，反而有医学专家认为，遗精在某种程度上可以解除体内紧张，达到一种生理平衡，有利于身体健康。除了这个原因外，局部的刺激也会导致遗精。比如穿过紧的内裤、盖的被子太重，或是习惯于趴着睡觉等，有时就会使生殖器受到刺激，发生遗精。另外，泌尿、生殖器官的疾病，如尿道发炎、阴茎龟头炎、包茎、包皮过长等也可能导致遗精。

Frankie：女生来月经有规律，男生的"遗精"也有规律吗？

妈妈：遗精也有规律。如果没有上面说到的种种引起遗精的刺激，一个月内多数男性会出现一到两次梦遗，每次精液量为3～5毫升。这都属于正常情况。

Frankie：女生来月经时都很神秘的样子，据说来月经时她们需要用电视上经常做广告的“卫生巾”。那我们男生“遗精”时怎么办呢？这么让人不好意思的问题真不知道该怎么解决。

妈妈：遗精是男孩子长大以后出现的一种正常生理现象，是每个人成长过程中都要经历，也是每个成熟男性都要面对的，所以完全没有必要不好意思。第一次遗精很可能是在家里睡觉时发生的，你可以告诉爸爸妈妈，爸爸妈妈是你最亲近的人，告诉爸爸妈妈可以让他们为你的长大成人而高兴。如果遗精弄脏了内裤、床单，首先也不必对爸爸妈妈躲躲闪闪的，因为爸爸妈妈都是过来人，完全可以理解这样的问题。另外，只要使用加酶洗衣粉浸泡，然后再清洗，内裤、床单上的斑渍就可以清洗干净了。为了避免遗精弄脏衣服、床单，睡觉前可在床上准备些干净的卫生纸、小毛巾等，以备“应急”使用，就不会很被动、很尴尬了。就像我们说过的，这是正常的生理现象，现在的父母多数已经很开明了，你们也可以坦诚地去请教父母、寻求帮助，至少可以去问问爸爸。这种男子汉之间的对话，不仅能帮你解决很多问题，还可以增进父子之间的感情，能很好地促进你们的健康成长。

Frankie：女生在来月经的时候需要注意那么多的事情，需要受到那么多的照顾，我们男生遗精的时候是不是也需要受到照顾呀？

妈妈：以前确有一些理论认为，精液是男子最珍贵的东西，不能随意流失，否则会因精液枯竭而死，甚至有一种说法叫“一滴精十滴血”。这使许多人误以为遗精会损伤人的身体健康，一旦遗精，就会整天担心，唯恐自己的身体受到伤害，成为很沉重的精神负担。

其实，精液中精子和精浆所占的体积分别为5%和95%，发育正常的成熟男性，每天可以生产2亿个精子，且精子会不断地“更新换代”。医学研究已经证明，人体产生精液所需的营养成分可从日常饮食中不断得到补充。只要营养供给充足，而且体内的各种器官功能正常，人体就会源源不断地产生精子和精液，精子和精液也就不会出现缺乏的现象。而一个正常男子每次排出的精液只有3~5毫升，即使连续射精，也仅是前一两次的精液中含有较多的精子，而后则所含的精子数量大大减少，甚至不含有精子，即只排出分泌液。如果更多次地连续射精，则往往只有射精管的收缩所产生的快感，而无精液排出。其实这也是人体的一种自我调控和自我保护机制。

正常男子只要加强身体锻炼，饮食休息规律，不违背自身的生理活动规律，一次射精后，一般一两天内即可使精液补充到正常范围，“一滴精十滴血”的说法是缺乏科学依据的。

Frankie：我们男生真的不需要照顾吗，即使在“遗精”的时候，太不公平了！

妈妈：呵呵，看来你们小男生在小学时候受女生欺压多了，否则怎么这么关注是否公平呢？

虽然遗精是正常的生理现象，但遗精如果次数过多、过于频繁，对于发育期的青少年的身心健康还是有一定影响的。所以，要注意控制遗精的频率。

虽然遗精是正常的生理现象，不是靠人的主观意识就可以控制的，但人的意识、情绪、卫生习惯等，对于遗精这种生理现象是有一定影响的。避免一些心理因素、生活习惯的影响，还是可以减少遗精次数的。

首先，要对遗精有个正确的认识。遗精是正常发育的标志，是正常的生理现象，不应因此而害羞、担心、紧张。否则，一提起遗精就害怕、焦虑，反而会因为心理负担过重，造成负效应——你越怕，它越来。

其次，在你们现在这个年龄，学习任务非常重，而身体上的变化和在发育过程中遇到的问题有时会影响情绪，有的还会成为你们关注的焦点。不妨有意培养自己多方面的兴趣，努力把注意力集中在学习上，多参加文体活动，养成良好的生活规律，少看有性刺激的书籍、电视节目，不听淫秽故事等，也会减少遗精的次数。

再有，就是养成良好的生活习惯，比如：睡觉前不要多饮水，避免膀胱充盈；睡觉时被子不要太厚、过暖；短裤不能过紧；每天清洗阴部，减少对生殖器的刺激等，也可以减少因外因刺激而引起的遗精。

* * * * *　* * * * *　* * * * *　* * * * *

Frankie：你说女生在激素的作用下发生变化，我们男生是雄激素，她们是雌激素对吧？

妈妈：对呀。在女性的身体内，有一对卵巢，是位于子宫两侧的灰白色扁椭圆体，它的外端靠近输卵管，内端与子宫相连。卵巢虽然只有杏核一般大小，仅5~6克重，却是女性身体中非常重要的部分。卵巢的功能类似男性睾丸，有两个功能，一是负责分泌雌激素，来决定女性性征的发育；二是存有原始卵泡，为它提供一个发育成熟的场所，并将成熟的卵子排出。小小的卵巢直接影响着女性身体和生殖器官的发育，维持着女性正常的生理功能，也是女性生儿育女的“根据地”，它的重要性是不言而喻的。

* * * * *　* * * * *　* * * * *　* * * * *

Frankie：我们男生在青春期时身体很多地方会长毛毛，女生也会长毛毛吗？

妈妈：女孩子也会长毛毛，但和男孩子是有区别的。一般说来，在女孩子乳房开始发育后半年到一年，阴部就会开始长出阴毛，这是由于肾上腺产生的雄激素的作用。最初，阴毛出现在小便的地方，准确地说是大阴唇周围，初长出的阴毛细而长、颜色浅、直或微微弯曲，以后逐渐向上扩展到阴阜、耻骨区——腹部往下到大腿中间那个摸起来硬硬的骨头叫做耻骨，整个成为一个上大下小的倒三角形状，这与男性是不同的。青春期女孩子也会长出腋毛，身上的汗毛也会增多，但一般都没有男性的浓密。

* * * * * * * * * * * * * * * * * * * *

Frankie：我注意到一个现象，我们班有个男生，上完游泳课洗澡的时候，经常摆弄“小弟弟”，他的“小弟弟”慢慢地就会由小变大，他好像很高兴的样子，但很快就会注意到我们在看他，他的脸立刻变得通红，每次都这样。这是怎么一回事儿呢?

妈妈：这是一种“自慰”行为。这里所说的自慰行为是指手淫，即在没有性伙伴的情况下，用手玩弄性器官引起的性快感，达到心理上的满足，达到自慰目的的行为。男女两性均会发生手淫行为，但以男性为多。

在进入青春期后，由于雄激素的作用，男孩子的生殖器官和第二性征迅速发育，生殖器官的敏感性也不断增强。有时，手或其他物体偶然接触到生殖器，会引起性兴奋而产生一时的快感。于是，可能经常玩弄生殖器官，而且体验一次比一次深刻，自慰行为（手淫）就悄然开始了。

自慰行为（手淫）也是一种正常的生理现象。其实，从很小的时候，很多男孩子都有因为玩弄生殖器、穿着过紧的裤子、运动等摩擦使生殖器受到刺激而引发快感的体验，这就是一种有意识或无意识的自慰行为。

而到了青春期后，随着雄激素水平的提高，很自然地就会产生性的冲动和要求，对性充满好奇、幻想，加上外界如电影、电视、书刊、网络中频频出现的性刺激，在性生理和性心理的驱使下尝试有意识的自慰行为（手淫），也是正常的性活动方式。多年以来，在性教育中存在一个错误，那就是宣传自慰有害，这使得在很多人眼中自慰是一种有害于身体，且很不道德、很令人羞愧的行为。这是不对的。

据统计，美国90%以上在校男生和75%以上的在校女生有过手淫的经历，在我们国家也有大量的少男少女存在着手淫的行为。现代观念认为，性冲动是人的一种生理本能，当这种能量积聚到一定的程度时，就需要把它排泄出去，以前讲过的“精满则溢”也是这个道理。自慰行为（手淫）是青少年性成熟的一种生理表现，是解除性压抑造成的不安、躁动的有效方式。

Frankie：这么说“自慰”是正常的、无害的，是人的正常心理需要？

妈妈：确切地说，应该是适度的自慰行为（手淫）对身体有一定的好处。由于营养充足、均衡，现在青少年的性发育尤其成熟期已大大提前。性成熟自然就会产生性的需求，而一般来说，从性成熟到结婚一般需要经历5～7年甚至更长的时间，但这几年恰恰是性能量很高，需要一个通道去发泄、去解除性紧张的时候，自慰行为（手淫）正是一种合理的、不会伤害自己和他人的宣泄性冲动的途径，对生理和心理的健康都有一定的益处。

自慰（手淫）对身体有一定好处，但并不是完全对身体无害。关键就是这个“度”。通常认为，如果自慰（手淫）过于频繁，超过每周 1 次的话，就是过度自慰（手淫）。

另外，尽管适当的自慰（手淫）对身体健康并无伤害，但毕竟不是人类自然的性交方式。因此，长期、频繁的自慰（手淫）很容易造成性功能障碍，如阳痿、早泄、不射精、性冷淡，使以后正常性交感受不到满足，甚至出现同性恋倾向等。同时，如果自慰（手淫）时刺激过强、不适当使用工具，以及不注意卫生等，还可能造成生殖器官的损伤、充血、破溃及感染等，直接影响到身体健康。

同时，经常放纵自己、过分追求自慰（手淫）快感的人，很容易染上自慰（手淫）的恶习，并很难控制自己的行为。因此，常常在自慰（手淫）时产生悔恨、自责、羞愧的心理，并伴有恐惧感和犯罪感，造成严重的心理负担，这也会给他们带来无法解脱的精神枷锁，使他们一直处于自责、羞愧、矛盾的痛苦与焦虑之中，导致一系列心理问题。这种精神负担加上自慰（手淫）时反复刺激造成的生殖器官充血、前列腺炎症、精液质量下降、体力过度消耗等，很容易形成恶性循环，从而出现失眠、多梦、疲乏无力、注意力不集中、记忆力减退的现象，并可能影响到成年后进入婚姻殿堂后性生活的质量，甚至影响生育能力。

Frankie：当男人太麻烦了，左也不是右也不是，真不好掌握！

妈妈：不要把这事儿想得那么可怕！其实这里面包含一个科学思维的问题和一个自我调控、自我管理的问题。

首先，树立科学的观念，正确认识自慰（手淫）对身体的好处和过度自慰（手淫）可能带来的危害。既要认识到适当的自慰（手淫）行为是青春发育期缓解性压力的正常现象，它并不影响健康，要消除由于自慰（手淫）造成的心理障碍，不要因为自慰（手淫）而造成羞愧、悔恨、恐惧、负罪感，以至于形成沉重的心理负担。同时也要清楚地了解过度自慰（手淫）的危害，学会控制自己的情绪、行为。

其次，青少年的心理发育还不成熟，自制能力较差。因此，当他们学会了自慰（手淫）并体会到自慰（手淫）带来的快感后很容易沉溺其中而不能自拔，以至于出现自慰（手淫）过度的现象。为了追求性快乐，不顾自己的身体实际情况，强迫自己进行自慰（手淫），这不仅摧残了自己的身体，也是一种对自己不负责任的表现。所以，在有了科学、正确的观念之后，要学会抵抗住自慰（手淫）的诱惑，当感到有性冲动时有意识地克制自己，把精力更多地投入到学习中，积极地参加丰富多彩的文体活动，扩大自己的业余爱好，充实自己的课余生活，从而可以淡化和转移性欲，控制和降低自慰（手淫）的频率。

再次，在日常生活中要养成良好的、有规律的生活习惯，按时睡觉、起床；不看带有强烈性刺激的书刊以及音像制品；经常清洗外阴，消除污垢对生殖器的刺激；不要憋尿，避免膀胱过分充盈而引起刺激；避免内裤过于紧小，防止摩擦生殖器而引起刺激等。而一旦发现自己有沉溺于自慰行为（手淫）的苗头，就要用各种可以转移注意力的方式、活动来充实自己的生活，消耗和发泄多余的体力和精力，并尽量避免自己独处等，这些都是有效减少自慰行为（手淫）的方法。

Frankie：哦，我明白了，要想长大，青春期是一个必须经历的阶段，在这期间男生和女生身体会发生很多的变化，这些都是正常的，没什么可怕的，也没什么神秘的，人人都这样。

妈妈：很对！接受身体的变化，迎接青春期的来临吧！

第二篇　做个快乐的少年

自卑感是处于青春期发育阶段的孩子所面临的最苦恼的问题之一。他们可能会痛苦地意识到没有人喜欢他、爱他，觉得自己样样不如别人，认为自己是一个失败者、一个不幸的人，甚至认为自己的人生本身就是个悲剧。

自卑感对于青少年青春期的成长影响非常大，师长必须给予干预，帮助他们克服自卑感，重树自信和自我价值感，确立正确的自我意识。否则，不仅会产生不良的后果，阻碍他们的成长与发展，甚至会使他们风华正茂的生命过早地消逝。

Frankie：妈妈，紧急求助！您还记得我小学时最好的朋友Simon吗？他原来是我们班的大哥，聪明、勇敢、热心、善良、有正义感、讲义气，长得可爱，最让我欣赏的地方是他特别地开朗，总是乐呵呵的，似乎没有什么让他烦恼的事情。他的快乐总是能感染周围的人，所以他的朋友特别多，人气指数特别高。您也一定记得，每次我们聚会，听到最爽朗的笑声一定是 Simon 的笑声，最活跃的人也一定是 Simon。

但自从上中学以来，Simon 变了，变得我都似乎不认识他了，我甚至怀疑这个 Simon 一定是被外星人动大脑手术换大脑了。

Simon 最近总是心事重重的，似乎正在为什么事情而烦恼，脸上总是写着他心里说不出的痛苦。比如，最近我不止一次发现，课间他不再与我们说说笑笑，总是一个人安静地坐在座位上，眼睛茫然地盯着窗外。上课时也总是走神，几次被老师叫起回答问题，他要么不知道老师在问什么问题，要么答非所问，结果引起班里哄堂大笑。他现在独来独往，甚至连在饭堂吃饭都是自己拿一盒饭，自己找一张一人的桌子坐下，一个人默默地快速地吃完，然后迅速离开饭堂。我一直认为 Simon 是我最好的哥们，所以我特想帮助他。我几次想要问问他最近怎么了，但他不但不愿意理我，而且当我不注意看他，恰巧我们的目光交会时，他就急忙低下头，两眼看地上，不再看我。今天下午发生了一件事情，让我更加觉得蹊跷。

下午第一节课课间，我们班的 Anna——我们班最闹的女生，她与同桌不知道说了些什么，然后两人冲着 Simon 哈哈大笑。您知道的，我们班的女生都特爱搞恶作剧，我们早就都习惯了，根本不在乎。但是 Simon 今天却一反常态特别气愤。他愤怒地一拍桌子，怒吼一声："闭嘴!"然后头也不回地从教室跑了出去。我被惊得目瞪口呆，不过很快反应过来，跑出教室去找Simon。最后我在操场一个角落里找到了 Simon。他正双手掩住脸，背对着我，靠着墙壁啜泣。他的脖子和耳朵都变红了，他开始时是啜泣，慢慢地，我发现他不止是啜泣，而是号啕大哭，简直是宣泄情感。于是，我赶忙走过去，一边用一只胳膊搂住他，一边对他说："哥们，我能帮助你吗？你遇到什么难事了？"

Simon 抽噎地说："我感觉自己很笨，学习成绩怎么努力也不能进入前 10 名；长得太胖了，怎么减肥也减不下去。大家一定都在背后嘲笑我！而且从小学到初中，我在这个学校已经 6 年多了，可是没能交到一个能帮助我的朋友，连一个也没有！大家都是冷血动物，他们因为我长得胖、学习不好而看不起我，彼此间都虚情假意地。我付出了很多，但还是没人关心我！你身材好、学习成绩好，你怎么理解我！我觉得活得很失败，很孤独。在家里也没有人真正关心我，爸爸成天忙于工作，忙于挣钱。妈妈先是扔下我不管，带着外婆去加拿大生小孩，好不容易把她盼回来了，她又成天忙着哄妹妹。我觉得自己是世界上最倒霉的人，没有人真正关心我，也没有人在意我的感受。我特别想跟别人说说我的心里话，但是我不知道找谁，我也不知道有谁愿意关心我，我快要疯掉了！活着真没意思！"

妈妈，我觉得 Simon 的话很奇怪，明明是他不愿意理我们呀！我们都把他当最好的哥们看，可是他却刻意地疏远我们，现在他还怪我们不理解他。妈妈，您能告诉我这是为什么吗？Simon 到底怎么了呢？

妈妈：亲爱的 Frankie，我很自豪有你这样善良、乐于助人、重视友谊的儿子，我特别理解你急迫的心情，希望妈妈能够帮上你，也能帮上你的好朋友 Simon。

其实 Simon 遇到的问题是处于青春期发育阶段的孩子通常会遇到的问题，Simon 现在经历的痛苦与烦恼也正是许许多多的青春期发育阶段的孩子所经历的感受。很多青少年感到自卑，感觉不到自我的价值感，他们不能在接纳自己的情形下健康成长，甚至很多人在审视自己之后，会对这个“我”感到深深地失望。于是，他们撞在自卑这块古老的岩石上，并且常常头破血流。

处于青春期的孩子，由于生理和心理的原因造成他们在这个阶段出现明显的自卑感。沉浸于自卑痛苦的青少年，不能接纳自己，自我感觉很差，找不到自信，有深深的无助感、无用感和孤独感。如果这个问题不能得到解决，会影响他们一生的发展，甚至会夺去他们生存的欲望。

所以，我们一定要帮助 Simon，帮助他重新找回自信，让他的笑声重新响起。

Frankie：你刚才说这是生理和心理原因造成的，能具体说说吗？只有知道原因了，我们才能找到解决问题的途径呀。

妈妈：说得很对！记得我前几天跟你讲过青春期发育是生理机制时提到过的“激素”吗？青春期发育阶段，激素起着关键作用。青春期是个体生长发育的鼎盛时期，这个时期心理和生理机能都发生急速变化。在青春发育期期间，脑与神经系统逐步走向成熟。脑的重量接近成人脑重水平，脑电波变化出观新的飞跃。脑机能的发展主要体现在兴奋和抑制过程趋于平衡等。兴奋和抑制过程受激素的影响很大。因此在青春期发育的过程中，由于激素水平在发生变化，造成我们的情绪发生波动。这就是青春期自卑产生的生理原因。

青春期自卑产生的主要心理原因是：青春期是自我意识发展的关键期。青春期自我意识发展的主要任务是发展角色同一性，防止角色混乱。然而，进入青春期后，与身体迅速发育相比，心理发展还很滞后。这种矛盾给青春期发育阶段的青少年带来了苦恼，使他们自觉或不自觉地将自己的思想从一直嬉戏于其中的客观世界中抽回了很大一部分，重新指向主观世界，使思想意识再一次进入自我，一系列关于"我"的问题开始反复萦绕于心，导致自我意识的第二次飞跃。我们的成长呼唤飞跃的实现，但是在这过程中，成长阵痛又是刻骨铭心的。这就如同小时候你看过的童话《丑小鸭》里的丑小鸭的成长经历一样，盼望成长，但成长之路可能并不一帆风顺。

Frankie：您是说青春期到来的时候，所有的人都会变得像Simmon这样吗？如果是这样，那太可怕了。

妈妈：不用过于担心。由于青春期的自卑是多种因素导致的，所以青少年的自卑程度是因人而异的。有些青少年只是偶尔会因为自己在所看重的事上失败而自觉愚蠢和不如人，但有些人则无时无刻不受这种感觉的侵袭。他会觉得没有人在意他、喜欢他，更可怕的是，他甚至有时会觉得自己是这个世界最多余的人，为此而自怨自艾，默默哭泣。有些人渴望与别人互换身份，有些人想从自己的躯壳中爬出来，这样，就不必再被人瞧不起，有时也想钻到别人的身体里，从此他便可以像那个人那样受到尊重。

*****　*****　*****　*****

Frankie：刚才您谈了青春期自卑发生的心理因素，还提到一个新的名词“自我意识”，您能再详细谈谈吗？

妈妈：自我意识是个人作为主体的“我”，对自己以及对自己与他人的关系的认识。自我意识是一个多层次的心理活动系统，由自我认识、自我体验和自我监控三种心理成分构成。包括三个方面内容：第一是对自己身体、生理状态的认识、体验，如身高、体重、容貌等，我们把这个叫做生理的自我意识；第二是个体对自己的指挥、能力、个性的认识，是心理的自我意识；第三是个体对自己与客观世界的关系，尤其是与他人关系的认识，我们把它叫做社会的自我意识。总之，人的自我意识系统对个性的形成和发展起着调节、监控、矫正的作用，对人的心理和行为产生巨大的影响和制约，在某种程度上决定着个体的行为风格和行为差异。

青春期是人自我意识发展的新阶段，是自我意识的第二次飞跃，具体说来有这样几方面的表现：

第一，强烈关注自己的的外貌和体征。青春期自我认识的兴趣首先表现在关注自己的身体形象上，强烈地渴望了解自己的体貌，如身高、胖瘦、体态、外貌品味，并喜欢在镜中研究自己相貌、体态，注意服装仪表风度，注意别人对自己打扮的反应，因为某些不甚令人满意的外貌特点产生极度焦虑。成熟速度（早熟或晚熟）也容易影响对自我形象的认识。

第二，深切重视自己的学习能力和学业成绩。中学生的学习能力和学业成绩一直影响着他们对自己的能力和在群体中社会地位以及自尊等情感的认识，并逐渐影响着自我的评价。

第三，青春期对自我的认识还表现在对自己的人格特征与自我情绪的过分关注上。他们把自己想象为“独特的自我”，把周围人视为“假想的观众”，似乎这些假想的观众随时随地都在关注、观察着自己这一独特的自我。他们常常主观地把自己的自我欣赏、自感不足等都投射到周围人身上。这种过分夸大自己的感受和体验现象是带有强烈主观色彩的自我中心倾向。

* * * * *　* * * * *　* * * * *　* * * * *

Frankie：就是这样！就是这样！您说得太对了！进入中学后，我们班同学都开始特别关注自己的外在形象了，以前总以为女生才会在乎自己的形象，没想到，男生也非常在乎自己的形象。

妈妈：想想你们为什么这么在乎自己的形象呢？

Frankie：因为外表的吸引力能让我们自我感觉良好呀！

妈妈：你们对自己的外在形象满意度高吗？

Frankie：不高。没有谁对自己的形象完全满意，总是对自己身体的这个地方或那个地方有不满意的地方。矮的同学觉得自己太矮，高的同学觉得自己太高；胖的同学想减肥，瘦的同学想“骨感”；皮肤黑的人嫌弃自己不够白，皮肤白的人嫌弃自己脸上有雀斑、青春痘；有人嫌自己的睫毛没有别人的长，有人认为自己的脚长得太胖，有人认为自己的腿太粗……甚至有人认为自己太丑了想去整容，同学们都说，韩国电视剧里的明星无论女生还是男生都那么漂亮，就是因为韩国人从小学就开始整容。

妈妈：这些都是你们自己的感觉。你们问过别人对自己不满意地方的看法吗？也就是说，自己不满意的地方，在别人眼中也是不完美的地方吗；自己认为有很大缺点的地方，在别人眼中也是一个大问题吗？

Frankie：不用问，其实我们都知道再帅的男人也有不帅的地方，再美丽的女人也有不美丽的地方，因为每个人的审美观点不同，所以事实上这个世界根本就找不到十全十美的人。尽管懂得这个道理，不知道为什么，我们还是对在别人眼中微不足道的缺点而感到烦恼、着急，希望能有一种方法能让自己在一夜之间缺点全消失，变成童话中的白雪公主或者白马王子。

妈妈：我明白你的意思了。就是你们不是不知道人的外表是不可能真的十全十美的，但还是对自己身上的某些不完美的地方感到沮丧和焦虑，希望自己能够更完美一些。

Frankie：对，就是这样。

妈妈：追求完美没有问题，想让自己变得更帅、更漂亮也是很积极的，说明你们对美有追求。对美好事物的追求是人生命力旺盛的表现，问题是我们该怎么看待自己身上的不完美，接受自己的外表，接受不完美。

实话告诉你吧，不管你们如何看待自己，其实我们成年人都特别羡慕你们每个人的外表！你们的相貌可能千差万别，但在我们成年人眼中，你们身体的每个部位都洋溢着青春的气息，这种气息是那么地迷人，那么地让我们欣赏和羡慕。

当然，可能并非每个人都能成为别人眼中的“靓女”或者“帅哥”，但那又怎样？我们每个人都是独特的，世界上没有两个完全相同的人。感谢上帝，你是这个世界上一个独特的人。你们不是经常提“追求个性”吗？你们不希望自己跟别人一样，希望另类，不希望重复别人；希望与众不同，不希望大众化；希望独一无二，不希望雷同。那么，你独一无二的外貌不也是你个性的一部分吗？

Frankie：真的是这样耶！我们以前怎么没想到呢？我们在世界上独一无二的外貌就是我们个性的一部分呀！我们真的没有必要让自己跟哪个明星一个样，我们更没必要用别人的审美标准来看自己独一无二的外貌，否则那就不酷了！

妈妈：我们独一无二的外貌是由遗传基因等因素决定的，这些因素都是我们自己决定不了的。对待生活中我们无法解决的问题，我们自怨自艾是于事无补的，只能浪费我们比金子还贵的生命和精力。我们完全可以发挥自己某方面的优势，来补足其他方面的缺点，最终达到平衡的状态。

即使按照一般人的审美标准，你的容貌恰好在“其貌不扬”这类人之列，你也完全可以潇洒地对自己说：“好吧！就算如此，又有什么好自卑的呢？这个世界上有许许多多像我这么相貌平平的人。况且，外貌不能决定我存在的价值，又何必为此而自寻烦恼？我要把时间和精力投入到那些能够建立我自信心的事情上，我可以努力成为学校乐队里最优秀的鼓手；我可以努力读书，考出优异的成绩来；我可以尽我所能把篮球打得更好；我可以学习弹钢琴、吹萨克斯，将来成为一位有名的钢琴家或萨克斯演奏家；我可以培养自己的性格，让自己有良好的人品——这点是每个人都能做到的——我一样可以成为受欢迎的人，一样可以交很多好朋友；我可以学习打网球；我可以学画画，用艺术来表现自己的才能；我可以写诗歌和小说来抒发自己的情感。”瞧，我们可以干这么多的事情，这些事情都可以表现出自己的优秀，为什么要浪费时间去烦恼那些自己根本没有办法改变的事情呢？

Frankie：我明白了，要接受自己的外貌。不过我觉得我长得挺帅的，应该不会为这样的事情烦恼的，呵呵……

妈妈：哈哈。你现在还没有到青春期的年龄，但一样要有心理准备，因为你到时是很有可能会对自己的外表持怀疑态度，可能会对自己的外表极端不满意。要是你很在乎的话，可能就会有两种反应：一种是变得容易害羞、受伤，对自己非常敏感；另一种反应较为激烈——愤怒和吵闹——因为你觉得自己是个蠢蛋，反正没有人会喜欢，所以大可放肆、嚣张。虽然每个人的反应不同，但要知道，青春期阶段的孩子都会很关注自己的外表，无论他们表现给别人的印象怎样，但由此而产生的内心的痛苦与忧愁，远比他们所表现的还要严重。所以，对这个问题要引起重视哟！

Frankie：我明白了，Simon 遇到的问题主要是由于青春期自卑造成，造成他自卑的原因有他外貌的原因，因为他认为自己太胖了，小学的时候，无论是他自己还是别人，都认为小胖子很可爱，很好玩。但进入中学后，他进入青春期发育了，就开始关注自己的外貌了，首先是他自己认为自己胖是个问题，然后他就会认为别人会因为他胖而歧视他。是这样吧？

妈妈：分析得很正确，就是这么一回事，从表面上看，Simon认为别人因为自己胖而嘲笑歧视他，其实问题缘于他自己的自卑。

* * * * *　* * * * *　* * * * *　* * * * *

Frankie：我要帮助他学会接纳自己，相信自己是独一无二的，找到自己的优势。但我认为外貌因素一定不是造成 Simon 青春期自卑的唯一原因，您认为还有其他原因吗？

妈妈：你说得很对，很有分析能力！造成 Simon 青春期自卑还有其他的原因。第二个原因就是由于进入中学后学习成绩开始下降而导致他开始怀疑自己的智商——他说："我很笨。"

Frankie：有道理。你知道的，在小学的时候，大家都差不多，也不排名次，所以对学习成绩好坏没什么压力。但是，进入初中后，学的东西多了，内容也深了难了，学习方法跟小学的时候有很大的差别，需要调整。我也是适应调整了一段时间才摸索出一点点方法。您还记得，刚上中学的头半学期，老师不也给您打电话告了几次状吗？嘿嘿……如果调整不好，学习成绩肯定要下降的。最大的问题是，上中学后每次大小考试后，老师都要排名次，给我们的压力太大了，真让我们感觉到："分、分，学生的命根呀！"对于成绩不好的同学来说，每次考试都是很恐怖的事情。别说 Simon 了，就是像我这样每次考试能进入前 10 名的人，每次考试后拿到卷子看到自己丢分的地方也懊悔不已，恨自己为啥考试的时候大脑短路了。看名次表时会想：自己是不是比那些排在自己前面的同学笨，自己的智商是不是不如他们高？要不怎么他们考试的时候大脑不短路，他们怎么能那么细致，他们怎么能做到不失误？

妈妈：是呀！学习内容的阶段性转换遇上了青少年成长的新

阶段，对于你们来讲都需要适应。随着学习内容的加深、学习方法的转换，出现暂时的学习成绩下降是正常情况，但是面对这些压力，有些孩子会觉得自己智商太低（不够聪明），甚至觉得自己太笨了。这种感觉往往开始于学习上遇到困难和问题的时候，不论是在学习阅读的过程中遇到了困难，还是在课堂上脱口而出一个错误的答案而惹来全班同学哄堂大笑，他们都会开始担心自己的聪明程度。而在学习的过程中面对每一次排名次、每一次考试不理想、遭遇一次又一次的挫折之后，就开始深信班上所有同学（以及老师）都认为自己是个傻瓜、笨蛋，日复一日，这种感觉就演化成为“自卑感”了。

Frankie：有道理。

妈妈：还不止这些呢？你想想，当初你被老师告状时，你什么感觉？最初混乱状态时，你考试成绩不理想，回家需要找家长签字时，你又是什么感觉呢？

Frankie：呵呵……当知道被老师告状了或者考得不好需要回家找家长签字的时候，先是特别地害怕，心里惴惴不安，担心您会发火，回家你们会骂我。不过还好，每次您都没有骂我，您总是平静地帮我找出现问题的原因，跟我一起讨论解决问题的方法，每次还都对我说：妈妈像你这么大的时候也出现过这样的问题，甚至比你还严重呢？你看，最终妈妈也找到适合自己的学习方法了，你比妈妈聪明，多总结、多动脑，你一定能找到适合自己的学习方法，方法对了，加上你聪明的头脑，学习成绩上来是早晚的事情！

Frankie：妈妈，您知道吗？每次您这么跟我说，我都特别感动。我不再关注每次考试成绩的好坏，而相信自己一点都不比别人差，我肯定有能力做得更好！我开始关注用什么方法把知识学会，不到半年我的成绩就上来了，期末考试就排到班里第三了。

妈妈：是呀，现实生活中，一个学生如果在学校成绩不好，往往就成为班级里的弱势群体，老师会不重视他，经常批评他，很少给他各种机会，甚至在与其他同学发生冲突的时候给予不公正的待遇。同学也越来越瞧不起他，也很有可能就被冠以“笨蛋”“蠢猪”“猪脑袋”之类的绰号。若这些侮辱性的嘲弄带来的痛苦足够大，他可能会失去在学校里上学的兴趣和勇气，严重的情形下，可能想休学。如果经常在学校里遇到挫折，他就越对自己没有信心，这种自卑心理会逐渐形成一种恶性循环——因为自卑而不愿意努力学习，而不努力学习的结果是导致遭遇更大的失败，这样，他努力学习的动力势必更小，接踵而来的是更大的失败……如此循环往复，他为自己得出了一个可怕的结论：我的智商的确很低，我的一生将注定是失败的。一个深信自己不再有存在价值的人是多么的可悲啊！

青春期发育阶段的孩子很敏感，他们面对这种情况的时候一定非常痛苦，特别希望有人能够理解自己，并且能够帮助自己，给自己坚定的支持。当他开始怀疑自己价值的时候，他内心真正渴望的是有人能够肯定他的价值。无论这个阶段的孩子如何逆反，如何有独立意识，但在他们内心深处还是最在乎父母的评论和意见。所以，青春期孩子的父母如果不能调整好自己，在面对这种情况的时候，给孩子渴望的肯定和支持，那么父母在有意和无意之间的反应也会让小孩子产生自卑感。

Frankie：啊！家长怎么能这样呢？他们不配当家长，要开除他们当爸爸妈妈的资格。

妈妈：你们希望家长理解你们，你们也要试着理解家长。为人父母者也是人呀，他们一样也会有不耐烦和疲劳的时候，在这种时候，他们就变得烦躁不安并且说出侮辱孩子的话，比如说："你怎么这么笨！我怎么生了你这样的孩子！你太不像我了！……"或表现出对小孩子缺点或不足的鄙视，比如说："你天生就是猪脑子！看来你就不是学习的料！看来你长大也只能去捡垃圾了！……"家长可能只是一句气话，但孩子可能一生都不能忘记这些话。

所有这些原因都导致小孩子在青春期成长的过程中，一直会以为自己是智商低下和愚蠢的。这也是自卑感在初中生、高中生当中普遍存在的第二个原因。

Frankie：谢天谢地，我很幸运！你们给了我宽松的环境，没有继续给我施加压力，在我需要帮助的时候，能给我支持。

妈妈：呵呵……也谢谢你对妈妈的肯定！

* * * * *　* * * * *　* * * * *　* * * * *

妈妈：从你讲的情况看，因为面对困境时，Simon 没有找到支持，所以他目前有很强烈的孤独感，他的自卑感造成了他的孤独感，而他的孤独感又加深了他的自卑感。

Frankie：我也觉得小学开朗乐观的他到中学后变得越来越孤独了，可我觉得很奇怪，Simon 为什么会变得孤独呢？你看他，明明是他主动不理我们，疏远我们，但他却认为是我们故意不理他，看不起他。我们很想帮助他，但他拒绝了我们的帮助呀。

妈妈：应该说，青春期是容易滋生孤独感的年龄，孤独如同影子一样，缠绕青春期阶段的孩子的心。进入初中阶段，如期而至的青春期，不仅带来了青少年生理的急剧变化，也带来了自我意识的增强，使他们对自己、对他人、对环境开始有了看法。一方面，进入青春期的青少年独立意识开始增强。在这个阶段，青少年处于人的生命发展过程中从不成熟走向完全成熟的过渡时期。在这个过渡期中，他们的实践范围在逐步扩大，逻辑抽象思维能力也在迅速加强，于是开始积极地用自己的内心去体验世界，觉得自己长大了，不愿再盲目地依从父母。你们会经常说："我已经长大了，为什么爸爸妈妈仍然把我看成孩子？"这说明你们力图摆脱对成人的依赖和追随，但现实又让你们心生不安全感。为了走出这种困境，多数青少年积极与同龄人交往，但也有少部分人站在人群外观望，或不屑于与同龄人交往，唯我独尊；或害怕增加不安全感而紧张不适，从而转向自我内心的交流。

进入青春期后的青少年的第二个心理变化就是自我意识的发

展。也就是说，进入青春期后，你们智力的发展几近成熟，这有力地促进了你们自我意识的发展，因为你们已基本能正确进行自我观察、自我评价和自我调控。你们常会产生许多关于自己的独特的想法和憧憬，发现自己心灵中的美，也看到自己心灵中的丑。由于青少年自尊心的增强，个人隐私的范围逐渐扩大，往往担心自己的某些方面会被人耻笑，于是便小心地在心中构筑起一道篱墙，锁闭自己内心的秘密。

心理学家认为，孤独就是在“我”与“他人”之间，“我”与“环境”之间缺乏沟通和了解时所出现的一种心态。独立意识是一种向外的力量，自我意识是一种向内的力量，它们与青少年生理、社会性发展的不平衡相互作用，导致青少年期间的闭锁心理，并因此而产生出孤独感。比如你们会想：“我把真心话告诉老师，可为何不被理解？”“因误解和性格不合，好友真的离我远去了。”“心中有烦恼，我该向谁诉说？”“单调的生活、繁重的学习……真不知自己还能做些什么……”当这些问题在头脑中出现时，孤独感就随之而生。深沉的孤独感会产生挫败感、寂寞感和狂躁感等，严重的甚至厌世轻生。

Frankie：啊，原来是这样呀！看来作为好朋友，我们一定要帮助 Simon。即使他疏远我们，我们也要想办法去帮助他。但是用什么方法可以帮助 Simon 消除孤独感呢？是用心理学的方法吗？

妈妈：心理学是有方法可以帮助 Simon 打破心理闭锁，消除孤独感的。具体可以从以下这些方面着手：

首先，让他意识到他不是孤单的，让他明确地知道有很多人关心他、在乎他。可以让他注意观察周围的人，看他们身上是否也隐藏着某种自卑感。在学校，观察班上来来往往的同学：是不是有些人一直面带微笑，还不时地开怀大笑，他们时而侃侃而谈，时而专心读书，课间休息时间，他们会开心地打闹。让他想想这些人的生活中是不是没有任何烦恼。让他明白，那些令他感到愁苦的烦心事也困扰着他们当中的大多数人。只要我们留意观察周围的人，很快就会发现自卑感的种种迹象，我们会恍然大悟地发现：原来自卑感只不过是一种极为常见的不良情绪。只要他真正领悟到一个事实——别人有着和他一样的感受，就不会再觉得孤独了。如果他知道每一个人都害怕碰到尴尬的场面，也都不愿被别人嘲笑的时候，也就是说他意识到原来大家是同乘一艘漏水的船，大家正在竭尽全力地试图堵住船上的漏洞的时候，他就会更有信心地面对他的人生。

第二，要多与外界交流。成长需要自主、独立，但自主、独立并不意味着与世隔绝，虽然客观上与外界交流造成困扰，但依然可以通过某些方式达到交流的目的。如当你感到孤独时，翻翻旧日的通讯录，看看你的影集，给老朋友打电话、发短信、发邮件……

第三，要客观地对待自己。如果总认为自己比别人强，高人一等，就永远摆脱不掉孤独困扰；如果总认为自己不如别人，觉得自己这也不行，那也不行，整日独处，同样也会变成孤家寡人。要学会交往，学会沟通，不要怕别人强于自己，也不要怕自己的不足曝光。因为你年轻，你有能力，你有很多机会可以改变自己。更不要拿自己的短处与别人的长处对比，记住中国一句古话：尺有所短，寸有所长。聪明的做法是正确地分析自己的优缺点，拿自己的长处与别人的短处作比较，然后学习别人的经验，想办法扬长避短。

第四，学会放松自己，不要成天关注自己的不幸，要开拓自己的眼界，开阔自己的视野，享受大自然的美妙。其实生活中有许多活动是充满了乐趣的，只要你能够充分领略它们的美妙之处，就会消除孤独，如有些人遇到挫折，心情不好，但又不愿与别人倾诉时，常常会跑到江边或空旷的田野，让大自然的清风尽情地吹拂，心情就会逐渐开朗起来。

第五，要学会“忘我”地与人交往。在与他人相处时，无论是什么样的情境下，都要做到“忘我”，并设法为他人做点什么，你应该懂得温暖别人的同时，也会温暖你自己。

第六，寻找值得信任的朋友，结交真正的朋友。在这个世界上，只有真正的朋友才能帮助你建立自信心。当一个人知道有人喜欢自己的时候，他就会更容易接纳自己。真正的朋友接纳你的过去、现在和将来，你无须容貌出众或者才华过人，也不必十全十美，他仍然会喜欢你。“得到一个好朋友的最好方法就是先成为别人的好朋友”，主动出击寻找自己的知心朋友。兴趣和爱好相投，往往能架起人与人友谊的桥梁。谁都有自己的课余爱好。假如你爱航模，你可以在班上寻找你的“知音”，你可以与他交流有关航模的信息，放假时相约一起做航模，一起去试飞。假如你喜欢踢足球，课余或周末你可以主动邀请几个喜欢踢球的同学去球场去踢球，这样既安全又扩大交往面。如果你喜欢玩篮球，你可以找那些喜欢篮球的同学，与他一起讨论 NBA 和姚明，这样你们同为姚明的粉丝了。

Frankie：好主意，我可以用这些方法试着帮助 Simon。

妈妈：这些方法你可以试试，更重要的是要帮助 Simon 根据自己的情况试着找到适合自己的方法，因为毕竟每个人的具体情况不同。希望他能够借着这些建议而得到帮助，恢复完好的自我形象。我也会给 Simon 的妈妈打电话，跟她聊聊，让 Simon 的妈妈也来帮助 Simon 走出青春期自卑的山谷。

* * * * *　* * * * *　* * * * *　* * * * *

Frankie：说了这么多青春期自卑的事情，让我有种感觉，就是青春期的时候人总是会莫名其妙，真的很麻烦呀！我都有点害怕青春期到来了，因为我害怕自己也变成不可理喻的人。

妈妈：呵呵，小男孩的青春期还没有到来时已经莫名其妙地伤感了，出现情绪问题了，呵呵……

你的这些担心是很多青春期孩子家长必须面对的问题呢！好多青春期孩子的家长都觉得青春期的孩子特别难琢磨，刚才还兴高采烈，怎样一会儿就“晴转多云”，甚至“电闪雷鸣”、“暴雨倾盆”了呢？

不用担心，既然青春期是人发展的必经阶段，那么所有的问题都是发展中的问题。就是说我们解决这些必须面对的问题就是成长的过程。比如，情绪的强烈和不稳定，正是处在青春发育期的少男少女普遍存在的现象。这并不是故意的，也不是有“病”或者“犯神经”，而是青春期的心理特点之一。

Frankie：是什么原因造成我们在青春期会出现情绪反应强烈并且不稳定呢？

妈妈：是生理、心理和社会三方面原因共同作用形成的结果。处在青春期的青少年，至少面临着三方面的压力和挑战：一方面身体正在急剧发育，特别是性方面的发育和成熟，使他们积蓄了大量的能量，容易过度兴奋；一方面学习上的任务很重，不得不面对激烈的竞争，心理压力普遍比较大；再一方面，随着年龄的增长，他们渴望对外面社会有更多的了解，人际交往也逐渐增多，各种各样的信息纷至沓来，这就使他们要处理的问题越来越多，越来越复杂了。这三方面的压力常常交织在一起，矛盾此起彼伏，虽说生活的内容大大丰富了，但也不再像幼儿园、小学时那样单纯容易了。而这时，他们的大脑神经机制并没有发育健全，调节能力还比较差，因此面对各种压力和刺激，便很容易产生心理不平衡。青少年又不像成年人那样善于控制或掩饰自己，常常喜怒皆形于色，便显得情绪忽高忽低，特别不稳定了。

Frankie：看来情绪反应强烈并且不稳定也是青春期正常的反应，不应该害怕担心，面对就是了。

妈妈：说得很对！

Frankie：需要把它当个问题来解决吗？

妈妈：虽说情绪不稳定是青春期的心理特点，但是由于情绪的波动会给我们的生活带来一定影响，比如影响我们与他人的关系，分散我们的学习注意力，长期的恶劣情绪还会使人生病，因此还是要学会调节自己的情绪。

Frankie：情绪对人的影响这么大呀！

妈妈：是呀！情绪是心理活动的核心，对身心健康有重大的影响。因此，学会自觉地调节和控制情绪，是心理保健的重要内容。在日常生活和学习中，我们无论做什么事都带有情感色彩：当考试取得好成绩时，会感到喜悦；失去珍贵的东西时，会感到惋惜；如果愿望一再受妨碍而达不到时，则会失望甚至愤怒；进入一个陌生的环境时，会感到局促不安甚或产生恐惧等。这些喜悦、悲哀、愤怒、恐惧等等情绪活动，都会引起身体一系列的生理变化。据科学研究，积极健康的情绪，如愉快、欢乐、适度的紧张，对人体都有好处，它可以引起心脏血液输出量增加，促进血液循环，使人精神振作，大脑工作能力增强。而伤心、悲痛、愤怒、焦虑等消极情绪引起的生理变化，于身体是不利的。如果机体长期处于这些不良的情绪影响下，往往会引起多种疾病的发生，如高血压、胃溃疡，以及心理障碍等。因此，青少年应该懂得情绪在保护心理健康中所起的重要作用，并学会自我调节和控制情绪。

Frankie：有什么方法来调整或者控制自己的情绪吗？

妈妈：调节和控制情绪的方法很多，需要根据自己的情况来找到适用于自己的调节和控制情绪的方法。

Frankie：这个我知道。昨天我们上思想品德课，老师给我们看了个老片子《林则徐》，片子里林则徐在自己家里挂了一幅字——“制怒”，每当他生气的时候，就先看那幅字。这就是林则徐控制情绪的方法吧？

妈妈：你说得太对了！你真是个善于观察的孩子，真不错！

Frankie：控制和调节情绪还有其他方法吗？

妈妈：讲几点控制和调节情绪的原则吧。

调节和控制情绪，一要培养自己具有乐观的生活态度。无论遇到什么困难和挫折，都要以乐观、积极的态度去面对，相信问题总会有办法解决的，从而勇敢地面对现实，努力进取，永不失望，对前途充满信心和希望。持这样的乐观态度往往会产生积极情绪。

二要适当地发泄积存在心中的不良情绪。比如，可以向知己倾诉自己的苦恼和忧伤等等。这样做，有助于消除心中的烦恼、压抑，从而达到心平气和。这种发泄对心理健康是有益的。

三要保持适当的紧张和热情。紧张是一种情绪，它能维持和提高学习、工作效率。如考试时产生的紧张情绪，能使大脑功能达到最高效率状态；平时上课或做某件事，也需要保持适当的紧张。张弛调节适度，就会使生活更有节奏和情趣。

四要善于理智控制自己。青少年的种种要求和愿望，都应符合社会道德和规范，否则就要用理智打消这种念头，不能苛求社会与他人满足自己的一切愿望。这样做，对维持心理平衡、培养健康情绪大有好处。

* * * * *　* * * * *　* * * * *　* * * * *

Frankie：您说的这些听起来很有道理，但做起来还是很难。我不知道您理解我说的意思没？我感觉有时候发起火来，自己根本就控制不了，甚至都不知道自己在说啥做啥呢！

妈妈：我理解你说的意思。中学生正处在热情高涨、激情澎湃的青少年时代，有时候激情似乎难以控制，容易愤怒，这便是中学生常见的一种情绪反应。有时因一句刺耳的话，一件不顺心的事，同学间遇到的一点矛盾和冲突，便怒形于色，或出口伤人，甚至挥拳相向，行为完全失控。有的打人致伤，甚至做出违法犯罪的事情来。这种愤怒不仅危及社会也危及个人，而且会使人的心态失去平衡，产生各种心理疾病。愤怒情绪的出现有的与性格、气质有关，如胆汁质气质者容易产生激怒情绪；有的是躯体疾病的生理反应，如甲状腺功能亢进者等；有的与环境有关，如有的人从小缺少良好的教养，因而自制力不强，思想认识比较模糊，往往认为发怒可以威慑他人、抵挡责难挽回面子、推卸责任等。

Frankie：怎么样才能克服自己爱发脾气的毛病呢?

妈妈：对愤怒情绪的调节应当采用理智调适法，冲动并不能解决问题。当你意识到自己怒火已经开始燃烧，最好的方法就是强迫自己不要讲话，采取幽默的方法，有助于冷静地思考。

Frankie：有道理。还有一种情况，班里很多同学都有这样的感觉，就是自己在学校里碰到不开心的事情，回到家看什么都不顺眼，用摔东西来解恨，甚至有时候会把自己的怨气撒到父母身上，冲爸爸妈妈发火。虽然自己的心情已经犹如狂风暴雨，但有时却又不能确切地说出不高兴的原因，莫名其妙地感到烦躁不安，就是想发“无名火”。

妈妈：无名火实际上都有“名”，无名的烦恼确实存在，但无名仅仅是因为你没找到它的原因，而不是它的原因不存在。烦恼的原因可能有些被你觉察到了，而有些并没有引起你的注意。

Frankie：哦!

妈妈：是这样的。心理学家告诉我们，很多中学生回到家里，莫名其妙地对家长发火或乱摔东西，这一现象是由迁怒造成的。迁怒，是人的心理防卫机制的一种，往往表现为受了甲的气后拿

乙出气，有时也表现为拿物撒气，表现为毁坏东西。心理学家把这种迁怒现象归入“置换”的心理防卫机制。置换，就是把对某事物的强烈感情不自觉地转移到另一事物上以减轻精神上的负担。这种感情常见的表现就是迁怒。合理的“置换”有利于人的心理健康，但如果发展成为有碍人际交往的不当行为，就成为人格障碍了。

Frankie：当自己感到莫名其妙烦恼的时候，不能随意找人出气，那该怎么办呢？

妈妈：先讲个故事吧。有一天，南方河里的一条豚鱼，游到一座桥下时撞到了桥柱上。它不怪自己不小心，反而生气起来。它认为是桥柱撞了自己，气得张开嘴，竖起鳍，胀起肚子漂在水面上，很长时间一动不动。一只老鹰飞过来看见它，一把抓起来，把它的肚子撕裂，这条豚鱼就这样成了老鹰的食物。

上面的故事告诉了我们一个道理：向别人发火时，首先应自我反省。生活中，我们常常看到这样一些现象：人多拥挤的公交车上，乘客之间由于无意碰撞而引起争吵，双方闹得脸红脖子粗；学校里同学之间为一些鸡毛蒜皮的小事（如出操时谁踩着谁的鞋子等）而出言不逊，大动肝火，怒气冲冲。这些都是无原则的冲突、不必要的感情冲动，是无益之怒。生活中有文化、有修养的人，也常常是宽宏大量、风趣幽默的人。拓宽自己的心胸容量，不要为区区小事而计较个人得失，要学会理解，学会容忍，多反省自己，少怪罪别人。

当你莫名其妙地感到烦恼的时候，首先要问自己：我为什么烦恼？如果烦恼的原因仅仅是一桩小事，那么应及时提醒自己冷静一些，不要为一点小事犯颜动怒，更不应该将自己的气撒到别人身上。你不妨站到父母的立场想一想：如果我是家长，我的心情又会怎么样？或者将自己的情绪告诉家长，得到父母的理解。这样一来，不但消除了你的无名火，也加强了与父母的沟通交流。

*****　*****　*****　*****

Frankie：您知道，我不高兴的时候我是怎么处理的吗？

妈妈：说说你的好方法，让妈妈借鉴一下怎么样？

Frankie：当我不开心的时候，我就不去想不开心的事情，先把不开心的事情放下，或者说是暂时忘掉，然后去想开心的事情，这样过会儿心情就好了。过段时间再想那件不高兴事的时候，多数会觉得那件事好像也没什么了，找不到当时是什么感觉了。您觉得我的这个方法怎么样？

妈妈：真是个好方法！难怪人人都认为你是个阳光男孩呢！其实你这种方法，在心理学上叫转移法。当你的心情出现红灯时，抛开眼前的不快，去做自己喜欢做的事情。

Frankie：我这个方法还符合心理学的理论呀！

妈妈：是的。处理不良情绪的转移法可以有活动转移、环境转移、主观情境转移。

活动转移就是学会放下，放下让自己不开心的事情，做自己喜欢做的事情。你们这一代人都多才多艺，有各种各样的娱乐消遣，娱乐活动内容丰富多彩，从音乐、舞蹈、体育运动、琴、棋、书、画到摄影、手工、收藏等等，无一不是你们的拿手好戏。这些都可以作为转移坏情绪的活动方法。

比如，音乐是对付应激反应的良药秘方。轻松、抒情、愉快的音乐，会使人产生愉快的情绪体验。一位音乐心理学家曾说过："音乐使你兴奋，也使你自省，你变得更能认识自己，更能意识到你在做什么，其结果是你变得更乐观。"当你感到紧张、焦虑、烦躁不安时，听一段舒缓的音乐，或听几首自己最喜欢的歌曲，在音乐中使自己的心灵得到净化，使精神得到放松。

再有，体育锻炼能很好地释放情绪。当你遇上不顺心的事情，或一时想不出问题的解决办法时，不妨先抛开一切，去打一场篮球，或者游泳，或者跑步，让自己的心情在汗流浃背中得到释放和解脱。在剧烈的运动之中，你的思想是放松的，你不用再去担心自己是否会因为说错话而受到同学的猜疑，或因考试成绩不理想而受到父母的责备。同时，你的身体也得到了极大的舒展，从而忘掉烦恼，心情愉悦，精神倍爽。

当你遇到困难和挫折时，不妨拿出一本你最喜欢的书来慢慢品读，让自己置身于书的世界，体味书中主人公的酸甜苦辣。读读历史、传记、游记、诗歌等各种书籍，能够使你将一切忧愁悲伤抛到九霄云外。阅读中外精彩的游记，可以松弛我们紧张的神经，任由思想纵横驰骋。特别是中国古代许多山水游记，有一种超然物外、淡泊致远、悠然忘我的情韵，读完后会让人的心境渐渐进入安谧宁静的境界。我们也可以有选择地朗读、欣赏古诗，细细品味古诗的韵味，把自己的心置于古诗的意境之中，读诗能使人进入良好的情绪状态和乐观的精神境界，有益于人的身心健康。还有你们的最爱——漫画书，漫画书同样可以让你们感觉到放松，给你们的生活带来丝丝惊喜和情趣。

Frankie：环境转移是离开让自己不开心的地方吗？

妈妈：说得很对。环境转移就是离开伤心地——客观情景转移法。人的心情常常受环境、气氛的感染。一部喜剧会使你开怀大笑，一部悲剧能让人伤心流泪，这就是人们常说的触景生情，情过境迁，以情动情。人遭遇心理困境时，最先、最容易采取的自救策略便是回避法——回避导致消极情绪的外部刺激。心情不好时，你不妨远离使你产生烦恼的地方，设法置身于一种截然不同的环境气氛当中。“耳不听，心不烦”说的正是这一道理。新的刺激分散了你的注意，使你暂时忘记烦恼。新的情景还可能重新激发你的热情、信心和勇气，使你振作，从而大大冲淡烦恼的阴影。比如，宿舍里同学间的冲突使你勃然大怒时，尽快离开现场，去教室准备上课；如果课间教室里的气氛让你闷闷不乐，你可以马上去操场转一圈或到教室外与好朋友聊天。

法国著名作家莫阿罗认为："最广阔最仁慈的避难所是大自然。森林、高山、大海之苍茫伟大，在和我们个人的狭隘渺小对照之下，把我们的心灵创伤抚慰平复。"走近并欣赏大自然，是自我陶冶、自我舒展的最佳方法。每一轮朝阳，每一幅夕照，每一声鸟语，每一缕花香，一切都是那样美好。投入大自然的怀抱，一切烦恼都会随之飘逝，心情终将归于平静。在繁忙的学习之余，走到户外，让优美的景色、新鲜的空气冲淡你烦躁的心绪。或是参加同学聚会，让欢乐热闹的气氛冲淡你忧伤的心情。

Frankie：我那个暂时忘记烦恼的方法就是主观情景转移法吧？

妈妈：是的。

心理学研究发现，人的心理承受能力是有限的，面临的冲突事件太多，就会烦躁不安，紧张惶恐。现实中不少人终日生活在对往事的痛苦回忆中，反复品尝旧日受到的挫折，想得越多，心情就愈加忧郁，对现实就越不满，明天又会品尝到今日的颓废，陷入恶性循环。要打破这个不良循环，我们必须学会遗忘。遗忘一场不愉快的争吵，遗忘一种无法挽留的美丽……有一首诗是这么写的：

忘却，对痛苦是解脱。昨天的泪水不能挂满今朝的欢颜。

忘却，对疲惫是宽慰。

忘却，对自我是一种升华。

忘却，是人生新的开始。

***** ***** ***** *****

Frankie：不开心的时候，转移是可以的。但有时候，还会遇到一些事情，特别让人不高兴、不舒服，想忘也忘不掉，想不想也不行，这种情况该怎么办呢？

妈妈：这种情况就要学会宣泄。

Frankie：宣泄？就是水库水要满了，怕水库的大坝垮掉，于是挖导流渠放水——四川地震时看电视知道的，呵呵……宣泄是这个道理吗？

妈妈：比喻恰当！你很聪明！步入青春的花季，青少年们开始悄悄地品味生活的酸甜苦辣，默默地咀嚼人生的困惑迷茫，孤独地在心中酿造喜、怒、哀、乐，心里的秘密怕对人讲，欲说还休。当面对人生固有的烦恼和种种困惑，如追求的失落、奋斗的挫折、情感的伤害、学习的压力等等困扰时，不良的情绪体验就油然而生。青春期少男少女突出的特点之一是心理闭锁，他们不愿意将自己的心事告诉别人，尤其是对父母和老师过度地干涉自己的事情感到十分反感。闭锁的心灵好像一只密闭的容器，如果不及时排放过多的气体，就会引发爆炸。人的心理也如此，如果消极情绪过多地堆积在心底，心理负荷过重，就可能发生生理或心理疾病。

长期地压抑自己的情绪反应，想哭不哭，想笑不笑，也会影响身心健康。长期的情绪压抑，因心理压力得不到释放，会加重紧张、烦恼、易怒等消极情绪，甚至引起生理功能的紊乱，如失眠、无食欲、头疼、呕吐、心慌等现象。因此，为了维持生理和心理平衡，我们需要打开心灵之锁，敞开心扉，给心理减压。

当某种情绪产生以后，无论喜怒哀乐，都要学会用适当的方式把它宣泄出来。愤怒时，可以做些需要体能的运动，比如打球、跑步、登山，这可以使因愤怒产生的身体和心理能量得到及时的排解；当情绪不安的时候，找要好的朋友聊一聊，心情会平静许多；痛苦的时候甚至可以大哭一场，哭过之后，心里会好受得多。

所以，宣泄是一种良好的自我调节情绪的方法。

现实生活中宣泄的方法很多，因个体差异和所处环境、条件各异，采用宣泄的方式也不同，从小小的一声叹气，到大声痛哭、疾呼、怒吼都可以起到宣泄作用。

Frankie：哭也算宣泄呀？我认为女孩子还可以用这种方法，我们男生肯定是不适用的。

妈妈：人们往往认为，眼泪是女孩子的专利，是她们脆弱的表现。男生在困难面前是不会轻易掉泪的，再苦涩的泪水也要强忍着，否则便是不成熟、脆弱的表现。从医学角度上讲，哭是人类的一种本能，是人的不愉快情绪的直接外在流露。短时间内的痛哭是释放不良情绪的最好方法，是心理保健的有效措施。因为人在情感激动时流出的泪会产生高浓度的蛋白质，它可以减轻乃至消除人的压抑情绪。有研究认为，人在哭泣时，眼泪可以促使人在紧张、痛苦、悲哀时所产生的有害毒素排出体外，起到缓解

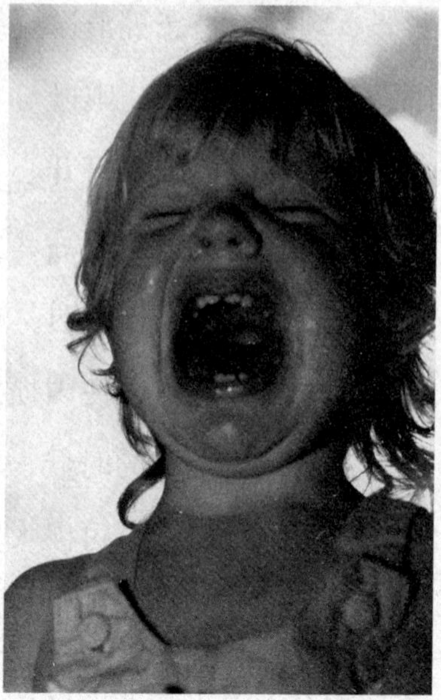

紧张和痛楚的作用。如果人在该哭的时候不哭，强把眼泪往肚子里咽，不让眼泪流出来，必然承受巨大的心理压力，会产生忧郁、苦闷、压抑、悲伤等消极情绪。如果长期保持这种不良情绪，使它们得不到合理而必要的宣泄，就会越陷越深而不能自拔，容易造成心理和人格损害。因此，有泪就应该让它自然地流出来。眼泪不是女性的专利，也不是软弱的代名词。不少自以为坚强、刚毅的男生，请放弃“男儿有泪不轻弹”的英雄主义信条吧，哭过、痛过，才会更加成熟和坚强。

Frankie：还有大吼也算吗？不是教育我们要成熟，不要总是狂吼乱叫吗？老人还总说：“年纪轻轻，不要总是长吁短叹的！”

妈妈：长吁短叹是人们对情绪的一种十分有效的调整。它可以让肺活量增加，加快血液循环，使身体处于松弛状态，还能强化迷走神经，使大脑兴奋并抑制失调状况，有益于机体内环境的调节和稳定，使肺腑机体功能得到充分的发挥。

常言道：“大吼解千愁。”当内心压抑、心有不平时，会感到心中憋着一股气，不发泄出来便不舒服。这时候，你可以走到旷野中向着大自然发出内心的呼喊。呼喊时要尽量吐露内心感到压抑的东西。这种吐露越真实、越彻底越好。心中积压的痛苦随着声声呼喊离人远去。通过大吼，吐出胸中的秽气，呼出肺部之浊气，吸入大量的氧气，改善了呼吸功能，舒张了胸廓幅度，调节了神经，增强了机体活力，令身心处于最佳状态。不过，在选择大吼宣泄时千万要选择一个合适的地点，比如人烟稀少的公园、郊外，以免影响他人。

当你对某人积怨已久，你可以用假想“对手”的方法来消除你的怨气。对某人生气和愤怒，可以在纸上写上他的名字，或假想他就在你面前，对他怒吼一顿或设置一个替代他的“靶子”，狠狠地揍他一顿。但请千万注意，怒吼要以不伤害别人和自己为前提，不能无缘无故对他人破口大骂，也不能毫无节制任自己吼叫不休或牢骚不断。

* * * * *　* * * * *　* * * * *　* * * * *

Frankie：能发牢骚吗？

妈妈：偶尔发发牢骚也是合理宣泄不良情绪的方法。科学家提出，适当地发牢骚可以使人对自己的处境进行分析，从而找到解决办法的第一步。其次，发牢骚能提高肾上腺素水平，有助于防止忧思。

但必须适当，要找一个能够忍受并懂得如何对待牢骚的人，比如你的知心朋友或父母。还应该避免就同一个问题一直不停地发牢骚，这样非但谁都忍受不了，还会反过来更加影响你的不良情绪，使你无法摆脱怨气。

Frankie：我觉得不痛快的时候，找朋友聊聊，心情也会好很多。

妈妈：倾诉也是宣泄不良情绪的好方法。

当遇到不愉快的事时，不要自己生闷气，把不良情绪压抑在内心，而应当学会倾诉。培根曾说："如果你把快乐告诉一个朋友，将有两个人分享快乐，你把忧愁向一个朋友倾吐，你将被分掉一半忧愁。"每个人的周围总会有几个知心朋友，当产生不良情绪时，同学们聚一聚，一壶清茶，一杯咖啡，就事论事倾诉一番，把自己积郁的消极情绪倾诉出来，以便得到别人的同情、开导和安慰。或者你可以找老师、好朋友、要好的同学等，将自己的苦闷倾吐出来。这样，一方面使不良情绪得到发泄，另一方面在你倾诉烦恼的过程中，还可以获得更多的情感支持和理解，获得认识和解决问题的新思路，增强克服困难的信心。老师、同学和朋友可以在消除压抑心境、恢复心理平衡方面对你提供有益的帮助。美国有关专家研究认为："一个人如果有朋友圈子，就能长寿20年。"可见，朋友对一个人生活的重要性。

***** ***** ***** *****

Frankie：您说的这些对付不良情绪的方法，真的都值得去试一试。不过，我想给你们家长也提个意见。因为，我觉得有时候我们小孩的不良情绪是你们家长造成的。

妈妈：谈谈你的看法，我们讨论讨论。

Frankie：有些事情，我们小孩不认为是什么特别大的事情。比如某次考试没考好，我们会认为，不就是一次考试嘛，没什么大不了的，又不是我不会，只是因为我马虎了，下次注意就好了。但你们大人却往往认为这是天塌下来的大事情，从一次考试成绩，就可以看出我们的学习状况，说什么“差一分就差一操场人”，结果本来并不严重的事情，让你们家长一说，我们的情绪怎么能好？还有的考试，我们自己比较满意自己的成绩，但你们家长会经常说，你不是第一，你要当第一……我们本来并不差的心情，让你们家长这么一说，立刻变差了。久而久之，我们学会了追求完美、苛求自己，这样我们的情绪怎么能好呢？

妈妈：你说得很对，这个问题我们成年人的确要承担这个责任，我们成年人在不知不觉中造成了孩子过分追求完美的性格特征，造成了孩子在思考问题时存在过分追求完美这样的不合理信念。孩子们会认为：“我必须出色地完成我所做的事情，赢得人们的赞赏；否则，我就是一个毫无价值的人”。这些不合理的信念使你们产生很多消极的情绪。

我们的确应该摆脱以某种事情的成败为标准来对自己进行整体评价的不合理思维方式，要就事论事，不能因为一件事而否定一个人的整体价值。世界上本不存在十全十美的人，因此自我否定毫不可取。当然做到这一点需要家长、你们还有社会的共同努力。

Frankie：只要你们家长和老师不要总拿每一分和每一件小事说事，我相信自己肯定能够在严格要求自己、追求进步的同时不过分地苛求自己。你们家长和老师一定要相信我们，要允许我们自己去探索，自己去实践，更要允许我们在前进的道路上跌倒甚至失败，给我们成长的机会。

妈妈：你说得太好了！在人生中，你们会面临成长中许多的第一次，勇敢地去面对，珍惜自己，珍惜青春。妈妈永远支持你，注视着你！

第三篇　我不想与父母较劲

随着青春期生理的变化，青少年的心理同时也发生了相应的变化，其中逆反心理在孩子中表现得尤为明显。强烈的逆反性、对抗性对孩子的心理发育、日常学习和生活都是有害的，如果任其发展，将有可能造成孩子的心理缺陷，严重的甚至会影响将来的生活、学习和工作。因此，认清逆反心理的实质，帮助孩子克服逆反心理，对大人来讲是非常重要的。

妈妈：Frankie，妈妈这里有一篇正处于青春期发育阶段孩子写的日记，他们因为一些事情而困扰，我想跟你讨论一下，想听听你的意见。

Frankie：好呀！我已经12岁了，很快就要进入青春期了，我很想知道已经进入青春期的大哥哥大姐姐们都遇到过什么样的问题，还想知道，如果遇到这些问题应该如何解决。

妈妈：先看这个姐姐的日记：

每个人都想独立，都想拥有自己的生活，但我却做不到，老爸老妈似乎每时每刻都在守着我，让我觉得连舒展一下胳膊的空间都没有。

我喜欢的事情都是他们禁止我干的事情，比如，我喜欢与同学一起出去K歌，但每次我想出去的时候，他们都要严格审查：

去什么地方？干什么事情？是男生还是女生？叫什么名字？她学习好不好？他们经常说的一句话就是："你一定要和学习好的同学在一起！""你旁边的男同学是谁？"我还喜欢跟同学、跟朋友"煲粥"，但每次打电话的时候，他们都找各种借口到我房间来听我们在聊什么，甚至几次被我发现他们在拿分机偷听。同学们都有手机，但他们却坚决不给我买手机，理由是他们每天一定会按时去学校接我，所以我有手机也没有什么用途。我还喜欢郭敬明、张悦然的小说，他们却说看这种小说是浪费时间。我喜欢听飞轮海的歌，他们却认为这几个人太闹、不学无术。我喜欢打游戏，他们却认为我会因此学坏。我喜欢穿帽衫和超短裙，他们认为那不是正经人的打扮……总之，凡是我喜欢的他们都不喜欢。

但是，凡是我讨厌的事情，却都是他们热衷于让我干的事情。他们给我安排各种各样的补习班，把我的时间安排得满满当当，不让我有任何喘息的机会。即使是假期也不放过我，也要以放松的名义给我安排各种"丰富多彩、妙趣横生"的学习活动。

我稍加反抗，其实我并不是跟她吵架，只是稍微说出一点意见，妈妈要么痛苦地流泪，说我变得不听话了，说我忘恩负义故意气她；要么脾气暴躁乱发火，对这也不满意，对那也有看法，我以前的那个温柔的妈妈立刻不见了。

明明是妈妈总是用挑剔的目光看我，小到发型、衣着、说话的口气，大到我的朋友、我的业余时间安排，但她却总认为是我故意跟她过不去。比如，昨天在吃晚饭时，妈妈问起我这次月考的事。我说："这回考试别的还行，就是物理考得不太好。"我的话刚开个头，妈妈的声音就提高了："没考好，多少分？""60。""那跟没及格有什么两样，你这人就是这样，人家女儿那么优秀，你就这么没用……"我气得不行，但强压住火，可妈妈的火气越来越大，说什么"整天跟个没事儿人似的，我说了等于白说"……我一气之下，把碗筷一扔，跑到自己房间去了。于是妈妈先是掉眼泪，说自己心脏不舒服了，然后给爸爸打电话，向爸爸告状，说我故意把她气病了。

我其实真的不想惹他们生气，也不是故意与他们作对，我希望爸爸妈妈能理解我，但他们根本就不想理解我，他们最常说的一句话就是："你是我生的，我怎么会不理解你？"

我觉得我的生活简直糟透了，生活简直惨到地狱去了！我好想拥有自己的生活空间，我好想拥有自己的生活！我怎么办？怎么办呀？

Frankie：这个姐姐是够惨的。

妈妈：可是在成年人眼中，这个姐姐的妈妈更惨呀。

Frankie：这就是问题，你们大人总是不能真正理解我们小孩，你们大人总是用自己的想法看我们，按照自己的意志要求我们。

妈妈：难道成年人和孩子之间真的没有办法沟通吗？难道非要搞到孩子和家长间水火不容的地步吗？

Frankie：我觉得我们小孩愿意与你们沟通，能不能沟通的关键是你们大人能不能放下身段真的与我们沟通，其实就是你们大人能不能真的理解我们。

妈妈：哦！看来青春期孩子和成年人之间是有沟通的可能性的，是不是？

Frankie：当然能了！只要你们大人真理解我们，能站在我们的角度来看问题，就能沟通。

妈妈：社会心理学家说，良好的沟通，是需要双方努力的，只有交往的双方都能站在对方的角度看世界，沟通才能顺利进行。看来，社会心理学家错了。

Frankic：那倒不是，心理学家也没说错，沟通当然是需要双方都理解对方了，我们小孩也不是不愿意理解大人，也知道你们是爱我们的，是关心我们的，是为我们好，这些道理我们是明白的。但是，一遇到事情，当发现你们大人不理解我们的时候，我们就特别生气，没有别的办法，只能你们说东我们偏说西了，其实我们也不认为西是正确的，只是表示对你们不理解我们的愤怒。呵呵……你们大人总说我们80后、90后的小孩越来越难管，越来越逆反，说的就是这回事吧。

妈妈：说的是这回事。很多青春期孩子的家长和老师都对孩子的逆反很苦恼。

Frankie：逆反真的有这么可怕吗？

妈妈：青春期是指从童年向成年过渡的人生关键时期。青春期不仅身体增长快，而且人体各器官的发育也逐渐趋向成熟。随着青春期生理的变化，青少年的心理也同时发生了相应的变化，其中逆反心理在青春期的孩子中表现得尤为明显。也就是说，逆反心理是青少年步入青春期的一个心理特征。此时的青少年对生活中的许多事情已经有了自己的主见，当父母的认识与他们的认识相左时常会表现出一种不耐烦的情绪。随着分歧的增多和频率的加大，往往出现“你越说左，我偏说右；你越说东，我偏说西”的状况。

但是，正如你刚才分析的那样，从某种角度看，所谓青少年逆反心理，不过是站在家长角度看孩子成长的一种说法。从心理发展过程而言，逆反心理每个人都多多少少存在，泰然面对、正确处之，这段特殊的成长时期完全可以顺利度过。你们只要能够正确地认识这种心态，自觉地做好自我调适，逆反真的也没什么可怕的。

Frankie：逆反现象是青春期发育孩子的专利吗？

妈妈：逆反现象不是青春期发育孩子的专利。关于逆反心理，心理学的解释是：“逆反心理是客观环境与主体需要不相符合时产生的一种心理活动，即具有强烈的抵触情绪。”也就是说，逆反心理是指客体与主体需要不相符合时，产生的具有强烈抵触情绪的社会态度。青少年的逆反心理，其实质是突出主体（自我）

的某种需要或尊严，突出自我的独立性、自主性或存在价值；相反，表现出对他人的不遵从。青春期到来之后，孩子的生理、心理变化相似于幼儿的断乳现象。婴儿的断乳，意味着幼儿与母亲身体完全脱离联系。由于急剧而彻底地断绝母乳喂养，儿童陷入欲求不满的不安，这是人生的“第一次危机”。儿童进入青春期，意味着要从心理上摆脱对父母的依赖。这种急剧而彻底的心理性“断乳”，也同样会给他们带来一时的不安。因此，便产生了情绪上的激动和骚乱，这是人生的“第二次危机”。经过“第二次危机”之后，人们就可以逐渐脱离父母的监护，于是，发展成一个独立、完整的人。因此，青春期被称为人生的“第二次危机”。

心理学家汤姆利兹认为，儿童期是“外界的获得时代”，而青春期则是“内部的获得时代”。由于性本能的起动，使青少年逐渐地将注意力转向自己的内部。青春期初期，他们常常会因自己不能掌握这种变化而烦恼，昔日儿童时期平静的心田被搅乱了而陷入以反抗、冷淡、横蛮、怠慢、多变等表现为特征的否定与不安情绪之中。他们不仅对外界，就是对自己也都采取了“否定”的态度。因此，青春期又被称为“否定期”或“反抗期”。

总之，青春期是人的身心各方面发生很大变化的时期，也是精力旺盛、兴趣广泛、对人生充满幻想的时期。在生理上，身体迅速发育成熟；在心理上，则是精神逐渐觉醒，这种身心的时差，带来了急剧而复杂、广泛而深刻的心理矛盾、心理动荡。因而青春期是人生最关键的转折时期。

Frankie：为什么在青春期发育阶段人会特别逆反呢?

妈妈：从某种意义上来看，逆反现象是人发展过程中的问题。

逆反心理并非一种异常现象。它是由于父辈与子辈之间价值观的不一致而产生的正常的心理过程。孩子产生强烈的逆反心理，主要缘于四个原因：

第一个是对立心理。人与人之间一旦持有否定的态度，也会对他的观点、行为持否定态度。比如老师对后进生总是批评，后进生就可能对老师说的话都听不进去而产生逆反情绪。

第二是偏激心理。处于青春期的孩子社会阅历浅，知识面还相当缺乏，看问题过于简单，甚至相当片面，往往攻其一点，不及其余，却为此沾沾自喜。

第三是伴随着人身体逐渐成熟而出现的独立意识也在发展。独立意识强，表现欲望高，喜欢标新立异，遇事总是想发表独特的见解，做出异乎寻常的举动，以期引起别人的注意，显示其独立的个性。

第四是孩子的好奇心理在发生作用。心理学家认为，当某事物被禁止时，很容易引起人们的好奇心和求知欲。尤其是在只做出禁止而又不做出任何解释的情况下，浓厚的神秘色彩更易引起人们的猜测。那些少儿不宜的影视广告就是利用青少年的好奇心理，从而达到吸引更多的青少年去观看的目的。而许多家长不理解孩子的好奇、探索心理，认为这是在瞎胡闹，这样易引发孩子的不满情绪。

第五是父母不切实际的期望造成的。许多父母望子成龙，往往不考虑孩子的兴趣爱好，强迫孩子学这学那。这种拔苗助长的做法会适得其反，引起孩子的对立情绪。

第六是由于父母对孩子过于严厉造成的。有的家长信奉“不打不成材”，时不时挖苦、讽刺甚至打孩子，以此来刺激他们的成长，结果这种做法极大地伤害了孩子的自尊心，往往造成不良后果。

第七是因为父母反复唠叨喋喋不休造成的。有些家长唯恐孩子不听话，反反复复说教，孩子长期处于“马拉松式”的说教环境中，自然会产生厌烦心理，出现逆反心理现象。

* * * * *　* * * * *　* * * * *　* * * * *

Frankie：呵呵……看来就像我刚才说的，造成我们小孩在青春期逆反的原因的确不是我们小孩单方面的原因呀！

妈妈：是这样的。在这一时期，孩子是否能够更好地发展，很大一部分取决于父母的教育。当孩子进入青春期，当孩子出现逆反心理的时候，最需要的便是父母的宽容和理解、帮助和爱心。

Frankie：我们小孩也不想总是跟爸爸妈妈和老师作对，因为这样我们自己也不高兴，也不舒服，我们也不愿意惹你们生气不高兴。当然你们也不愿意生气。然而很多时候我们真是控制不住呀，您能给些解决问题的建议吗？

妈妈：问题的出现是多种原因造成的，那我们就从两方面共同努力来解决问题。

你不是一直强调我们作为家长的要找自己的原因吗，其实你们小孩也可以想办法帮助父母改变教育方法呀？

Frankie：让我们小孩改变你们大人的想法，那太难了。比如，我们现在都已经不是小孩了，甚至比父母还见多识广呢，我们现在进入青春期，说明我们已经开始向成人过渡了。可是在父母眼里，我们还是小孩，对我们还处处不放心、不放手，到处指手画脚，不让我们有自己的生活，甚至有时候他们的行为让我们感觉到他们总是跟我们过不去。这让我们多烦呀！您说这种情况怎么改变呢？

妈妈：你们可以设法与爸爸妈妈交流，找到双方的共同语言，让我们真正意识到你们已经长大了。当然想改变这一切可能不会那么简单，因为爸爸妈妈十几年来已经习惯了把孩子纳入自己的统治之下，用我们自认为在生活中积累出的“正确的”方式无微不至地爱护孩子、管理孩子。突然不让我们管了，我们心里可能会空荡荡地受不了。

你们可以找机会，通过具体的事例给爸爸妈妈“上一课”，让我们知道你们也是独立的自由人，你们也应该有自己的想法和自己的生活。你们要让我们知道，呵护和关心完全可以用许许多多更有效的方式表现出来，而不是事无巨细地把方法强加给你们，或者是牢牢地把规矩强加给你们。

Frankie：这么做能有效果吗？同学们都说有什么话或者秘密

千万不能跟老爸老妈说，跟同学或者好朋友说说就行了，因为你们根本不可能跟我们有共同语言。

妈妈：你们想让父母相信你们的能力，你们首先要相信父母也具有这种改变的能力呀！你们这么做肯定会有一定效果的。因为你们和父母的目标是一致的，也就是说我们一定有共同语言。

Frankie：我们小孩与家长有共同语言，这怎么可能？

妈妈：尽管从表面看起来父母对你们的态度似乎很恶劣，但事实上，天下的父母哪有不疼爱孩子的？我们希望孩子能够成才，而你们也希望以后有所作为，有了这样一个共同点，我们完全可以找到共同语言。

Frankie：理论上是这样，但我还是不知道该怎么办，您能举个例子吗？

妈妈：就拿你们都很在乎的“个人隐私”的问题来举例吧。你们用日记、博客、QQ日志等方式记录自己的成长，倾吐自己的心事。父母也特别想了解你们在成长过程中都遇到了哪些问题，但是你们不跟父母说。而你们越不说，父母越觉得一定有什么问题，于是就只能通过非正当途径去了解，于是出现偷看你们的日记，想办法破解你们的邮箱密码等等令你们特别反感，也特别感觉受伤害的事情出现。

如果遇到这样的问题，不要直接与父母去对质这些事情，因为对质只能引发冲突，阻断继续沟通下去的可能性。你们可以以问题的解决为目标，采用更富有技巧的方法让父母认识到想了解孩子的成长应采用更让你们接受的方式方法。比如，你们可以在不经意间向我们透露某个同学的父母如何开明的实例，让我们知道什么样的父母招孩子喜欢。你们还可以在博客中把你们对父母偷看你们“隐私”后的感觉写出来，以留言的方式把有关未成年人权益保护的法律条款摘录下来。当我们发现这些内容的时候，就会明白你们的意思。我们很可能会为你们长大了而惊喜，这样我们就知道你们应该有自己的生活了。

* * * * *　* * * * *　* * * * *　* * * * *

Frankie：有道理。其实我们都很想得到父母的承认和尊重，希望摆脱父母的约束，特别希望自己能独立自主，我们不愿意让父母成天把我们的一切都安排好，按照他们的意愿生活。我们想用自己的眼睛看世界，想用自己的大脑思考，想用自己的标准衡量事情的是非曲直。我们现在已经开始成人了，已经能够对事物有自己的看法和主张，不想再继续附和父母的观点，即使父母的意见和观点可能是正确的，但我们还是想试试自己的想法是否行得通，或是想另辟蹊径，表达自己与众不同的观点，以此来显示自己的成熟。我们也想找到父母身上表现出来的那种“唯我独尊”的感觉。

妈妈：我懂你说的意思，更理解青春期阶段孩子的这些想法和愿望。人到了青春期时“自我意识”出现了质的飞跃。人在青春期阶段对于“自我”的体验和感受，出现了前所未有的觉醒。如果说，在儿童时期，孩子对自己的认识和评价基本上是受了成人的影响，那么，青春期则完全不同了。他们对自我产生了强烈的兴趣，逐渐有了自己的想法，要按照自己的意愿做事，对父母的权威逐渐产生了怀疑，甚至向父母的权威发起了挑战，这也就是我们常说的青春期孩子的叛逆。这一时期是孩子个性成长的关键时期，你们往往会认为自己已经长大了，自己的很多想法是先进的、前卫的，是父母无法理解的，你们甚至还会觉得父母已经落伍了。这个时期的孩子往往表现得很不愿意做个乖孩子，总是向父母的权威挑战。你们经常会向父母发问：为什么非要按你的方法去做？难道我用其他办法就不行了吗？为什么一定要听您的话，难道您就不会错吗？

Frankie：我们就是这样的，遇到父母成天对我们指手画脚，我们最常用的回答就是：“不行、不愿意、不对……”

妈妈：用这样的方式回复父母就真的不利于问题的解决，冲突就产生了。你们可以换种方法试试。如果父母把什么事都给你们安排好，让你们的生活没有选择的余地，你们也可以与他们直接交流，把你们的想法说出来。不要用情绪支配、替代你们与父母的直接沟通，直接沟通是人际间最不容易产生误解的一种好的沟通方式。通过这种方式，你们能让我们知道，你们已经不是三五岁的小孩了，你们要有实践和锻炼的机会，锻炼自己的适应能力，锻炼自己思考问题的能力，锻炼自己处理问题解决问题的能力，通过锻炼使自己的个人能力获得真正地提高。哪怕是失败了、摔倒了、遇到挫折了，也不是坏事，至少这样能让你们有机会从失败中成长。你们现在还年轻，有资本去锻炼，否则错过了通过自己锻炼获得个人能力提高的最好时机，就只会依赖父母了，将来某一天依靠不上父母了，或者有父母不能替代解决的问题出现就惨了。我们在你们的引导下一定可以换个角度来考虑这个问题，我们一定能从你们的话中感受到你们的成长与成熟。这样，我们还能继续已经习惯的行为吗？我们能不信任你们的能力吗？

Frankie：这是个好方法。

妈妈：其实，爸爸妈妈对自己的孩子严加管教也是出于一片好心，是怕孩子出现什么问题。因为在我们眼中，现在社会太复杂了，不良诱惑太多了，我们真的担心呀！所以，你们可以适时地告诉我们，我们为你们做的一切事，你们心里都能理解。你们也知道了什么事应该做，什么事不应该做，你们会自觉地要求自己，而不会只任着自己的性子胡闹。还要注意可以在平时尽量表现得优秀一些，比如放学后最好别在路上与同学逗留，要尽快赶回家；如有事情及时给父母打电话，让他们及时知道你的信息，少担惊受怕。还可以在做作业时积极一些，在学习上努力一些，只有我们对你们满意了、放心了，才会心甘情愿地给你们独立与自由。

Frankie：看来我们跟父母是可以沟通的，关键是要选对方法。

妈妈：是呀！其实父母也是愿意与自己的孩子沟通的，我们能明白你们到了青春期由于生理发育所带来的心理变化，我们也知道你们未来的人生是你们自己所有，我们也不希望孩子的人生将是自己人生的翻版，我们希望你们比我们更成功、更出色。但爸爸妈妈却希望孩子不要脱离自己的视野，应在自己的呵护下生活。这就是孩子和父母认识的不同。对此，孩子往往采用反叛的方式来表达自己的想法。

Frankie：叛逆的确是我们最常使用的方法，但有时父母真的错了，真的不可理喻，我们除了用叛逆的方式外，真的没别的办法呀！

妈妈：你说得有道理。叛逆不一定都是错的。做个“叛逆者”是可以被理解的，有些时候也不是错。但要“叛”得有道理。如果胡搅蛮缠地耍无赖，可就不对了。不能故意有事没事就与父母为敌，这样下去就会放纵自己，养成不良的品格。也就是说，可以叛逆但不可以任性。要明白叛逆与任性的区别，如果以“我”为中心，不管事情对与错，想怎么就怎么，这就是任性而不是叛逆。叛逆是一种可贵的精神，而任性则是一种不好的生活习惯。

Frankie：也就是说，如果我们认为自己的想法真的很有道理，自己的行为是理智行为，我们就可以叛逆，是不是？

妈妈：可以这么理解。从某种意义上说，叛逆是一种成熟的标志，你们的人生不属于父母，只属于你们自己。你们要依靠自己的精神和行动去创造自己的独特人生，展示在家庭中的价值。这就需要做一个明智的“叛逆者”。但要注意不能因为你叛逆得确实有道理，就得理不饶人，一味地顶撞父母。你们要以理服人，据理力争。当爸爸妈妈被你们说服时，我们内心一定很喜悦地告诉自己：孩子长大了！我们会因此同意你们的观点或行为；否则，你们的“反叛”就是失败的。

* * * * *　* * * * *　* * * * *　* * * * *

Frankie：班里同学说，有时候在家里，老爸老妈在谈论一件什么事情，孩子有自己的想法，很想跟爸爸妈妈沟通，但每一次往往是刚开了个头，就被老爸老妈给憋了回去：“得了吧你，小毛孩子懂什么，这里没有你说话的地方，你还是老老实实地学习去吧。”如果是一般的事情也就罢了，有时甚至他们是在讨论孩子的事情，比如请哪个老师补课、假期如何安排等等这样的事情也不让孩子有发言权，所以不是不想跟他们沟通，是他们连说话的机会都不给孩子。

妈妈：因为在爸爸妈妈眼里，别说你们现在还是个青少年，就是以后走上工作岗位了，也还永远是个长不大的孩子。我们自认为“吃的盐比你们吃的米多，过的桥比你们走的路多”，对此，可以试着跟我们沟通，并得到我们的认同。

Frankie：您要知道，不是所有的父母都像您这么好说话，有的同学的父母就特“霸道”，他们对孩子的意见总是持不屑一顾的态度，不允许孩子有自己的看法，或对他们的建议不能有丝毫的异议，需要绝对服从。就像我们班小韩的妈妈，她就从来都是说一不二。面对如此“霸道”的父母，该怎么办呢？

妈妈：面对如此“霸道”的父母，更不能说赌气的话，也不能说较劲的话，要以一种平和的方式说出自己的见解。哪怕其间会不可避免地发生争论，也不要回避，因为适当的争论才可使父母了解乃至重新认识你。若只是一味地以沉默来抗拒，丝毫不会改善与父母之间僵硬的关系，还会让代沟越来越深。

虽然说在一种平和的状态下与父母倾心交谈可以获得他们的理解与支持，可这种理解毕竟有一定限度，一旦超出了父母的接受范围，那你的见解和要求便会被悉数“驳回”。还有一种可能就是，不服气的你与意见相左的父母发生争论。这时，如果害怕与父母争论，而违心地收回自己的意见，听从父母的安排，是不可取的，因为在以后的生活中类似的情况还有很多，父母还会“如法炮制”，那就惨了。所以，该坚持自己意见的时候一定坚持，只要你能向父母证明你的话是你思考得到的，并且有充分的理由，并借机向父母展示你独立地分析问题并解决问题的能力。这样，尽管可能当时他们会因为你顶撞他们而让他们心里不高兴，但从长远看，他们一定可以理解你。适当地争论不但可以让父母更加了解你，知道你在想什么，需要什么，更会促使孩子与父母之间的关系不再那么僵硬。

因此，拿出勇气来，说出自己的看法，但千万注意不要让争论升级为争吵，更不要让情绪代替理智。

Frankie：班里还有的同学的家长是这样一种类型——无限引申型。就是当孩子和老爸老妈说什么事情时，父母的注意力根本没有关注这个事情，或者根本就没认真听孩子真正想表达的意思，而是立刻跟其他的事情或过去的事情相联系。例如，如果孩子对父母说："我现在累了，不想看书了，想休息一下。"父母会浮想联翩，无限引申，认为孩子想休息，那就是不想再往下学习了，或者想别的事情，没心思学习；孩子想休息，是不是昨天晚上看电视看得太晚了，没精神学习了。于是把自己的想象一股脑儿强加到孩子身上，使孩子有口难辩，让孩子觉得很委屈，尤其伤害了孩子的自尊心。

妈妈：面对这样的"伤害"，可以先调整一下自己的心态，乐观一点，然后想想父母是怎么想的，他们为什么会这样。

Frankie：是这些父母自己有心理问题，该去做家庭心理咨询了，哈哈……

妈妈：这种类型的父母的确有些问题，他们不会"倾听"。其实，对于青春期孩子的家长来说，听比说重要。

Frankie：我们太需要有人能好好听我们说话了，但据同学反映，更多时候不能跟父母说，只能跟同学说。

妈妈：你知道吗，即使没遇到那样不会倾听的家长，青春期的孩子也会更注重同伴关系。孩子开始关注同龄人之间的交往，和父母的关系逐渐疏离。同龄人之间的关系是青春期重要的生活内容。任何一个青春期的孩子都不可能脱离同龄人的影响，总是将彼此之间的交往与认可看得极为重要。因此，这一时期的孩子有心事总是找同学朋友说，他们不想和父母沟通交流，逐渐出现了与父母关系疏离的现象。然而，有的父母在这一时期最烦恼的也就是这一点：自己辛辛苦苦将孩子养到这么大，孩子居然要处处提防着自己，什么事也不愿意告诉自己。这种情况下，孩子和父母的关系就会越来越缺乏理解，彼此互相伤害。相信这种局面也是你们不愿意看到的。所以要学会采取有效的方法积极主动地与父母建立起知心朋友式的关系。学会与父母沟通，大胆主动地把自己的想法、观点告诉父母，求得他们的理解；平日里，对父母要多关心、多体贴。总之，只要双方都求同存异，做到相互理解，做到在实践中主动协调好人际关系，讲究人际交往的艺术，不仅可以消除摩擦，填平代沟，而且完全能够成为好朋友。

* * * * *　* * * * *　* * * * *　* * * * *

Frankie：看来只交同龄的朋友还不够，还要同老爸老妈交朋友。

妈妈：学会和父母做朋友，将受益无穷。

Frankie：就是要跟父母求同存异。

妈妈：说得好！就拿穿着打扮来举例吧，青春期的中学生穿着打扮喜欢“时尚”，喜欢标新立异，讲个性，但父母总是看不惯，在我们眼中，夸张的服饰让我们觉得过于张扬，我们更喜欢专注于学习而衣着朴素的孩子。你们眼中的“时尚”与我们眼中的“时尚”真的存在冲突，怎么办？还是要求同存异。

对时尚的理解，孩子跟父母作为两代人可能会不同，但你们一定有共同的对美的追求。你们希望穿出自己的风采，穿出自己的美，父母更希望自己的孩子是美的。这就是共同点。对于穿着而言，给人印象最深的不是穿了什么，而是服装的总体搭配，只要能穿出自己的风格，并符合学生的身份特点，就是美的。本着这个原则，既能穿出你们自己的风格，显出你们自己的个性，又便于父母理解你们的穿着打扮。

Frankie：看来不管怎么说，我们要在理解父母的基础上与父母交流。

妈妈：对，这种方法在心理学上叫同理心。在与父母的沟通中可以使用同理心的沟通方式。它的特点是能设身处地理解对方的地位、心情、处境，但不放弃自己的正确见解。使用的语言要能肯定对方的好意与良苦用心，讲话语气不伤人，心平气和。对同理心沟通方式抱有的想法应该是尽管听起来令人不太舒服，但知道是为自己好。如认为父母有不当之处，可在适当场合交换意见。在行为上，你们应该对父母恭恭敬敬，有礼貌，面带笑容。在策略上，第一求同，即寻找与父母的共同之处，努力去理解父母；第二存异，即允许保留自己的不同意见。

也就是说，在处理与父母的关系时要掌握几点：首先，时刻提醒自己珍惜父母的爱心和关怀，对你们来说，天下爱你们的人莫过于父母，父母总是处处为你们设想，不惜牺牲自己，即使父母想法与你们不一致，做法欠妥，也必有他们的良苦用心。其次，要主动向父母表达自己的意愿与想法，消除潜在的误解；学习选择适当的时间和地点与父母交谈，对父母态度要谦恭，不要任意发脾气；尊重父母的建议和指导，当与父母出现冲突时，要主动寻求父母谅解。

Frankie：明白。还要不回避与父母的沟通，是不是？

妈妈：说得好！改变别人就要从改变自身入手，这可能是最有效的方法，特别是在青春期处理与父母的关系和与父母相处上。所以应主动与父母沟通。随着你们的长大，与父母亲人的心理距离逐渐拉大，常嫌父母啰唆，嫌父母对自己管头管脚，毕竟自己长大了，有自己的想法和打算，父母可能不接受这样的想法，而在教育内容和教育方式上有所偏颇。作为孩子，为了求得父母的理解，应该主动与父母沟通，经常对父母聊聊学校里、班级里发生的一些有趣的事情，让他们与自己取得情感上的共鸣。父母对自己的批评如果是对的，就应该承认错误，迅速改正；如果对自己的批评是没有根据的，又听不进自己的解释，不妨将此事先放到一边，等到父母情绪状态好的时候再予以指出；如果口头上说不清，可以通过邮件等形式与父母交流。

Frankie：我大致明白了，青春期我们出现逆反现象是由多种原因造成的，尽管父母的教育方法可能会加剧我们的逆反，但我们孩子对于解决这个问题并不是被动的，我们自己的调整可以带动父母的改变。

妈妈：说得太好了！方法很多，具体问题具体分析，但原则就是：要能站在父母的角度理解他们，尊重他们，求同存异，找到共同语言，与父母建立较好的沟通模式。

第四篇 男女有别吗

进入青春期，少男少女们的心理和生理逐步走向成熟，因而在现实生活中，我们可以看到一颗颗怀着春情的心在徘徊、在冲动、在痛苦、在向往中产生出一个又一个问号，困扰在异性的神秘之中。这是青春期给人带来的一种正常的心理和生理反应。如何与异性合理相处，这是处于青春期的青少年必须解决好的问题。

Frankie：妈妈，我问个问题。我发现进入中学后，我们班的女生特疯，连小学时最乖的女生都开始疯了，一点都不像女生了。您说这是怎么回事？

妈妈：呵呵，小男生观察得很细致嘛！你观察到的是目前这个阶段很普遍的现象。

对于这个问题，我们要从两个方面看。一方面，需要你们男生调整对女孩子的刻板印象。现在的时代变化很大，女孩子不再像以前那样被要求“笑不露齿”或是只能文静、柔弱了，她们和男孩子一样渴望更多地探索这个世界、了解这个世界，也在与男孩子共同的学习、生活中发现了他们身上的很多优点，比如勇于冒险、敢于尝试，兴趣广泛、知识丰富，又比如开朗大度，和男孩子在一起能避免很多女孩子之间的小冲突、小矛盾，没有那么多斤斤计较、“小心眼”的麻烦。所以，很多性格比较外向、活泼开朗的女孩子常常喜欢和男孩子一起玩。

另一方面，也是最主要的原因，就是到了青春期以后，也会有些女孩子“一反常态”地喜欢在男孩子面前表现自己，大概就是你所说的“疯”，比如，当有男孩子在场时，会特别注意自己的发型、衣着，会有意大声说话或是说些自认为很深奥、很吸引人的话题，或是大声唱歌、扭动着身体走来走去等。其实，这是为了引起男孩子，尤其是她喜欢的男孩子的注意，但由于她们的心理发育还不完全成熟，所以她们采用的方法比较简单，比如用你说的“疯”的方法。

Frankie：哦！女生想在男生面前表现自己，所以采用这么可笑的方法，哈哈……那男生是不是也想在女生面前表现自己呢？也这么可笑吗？

妈妈：这也很正常呀！随着男性发育的日渐成熟，男生会对和自己年龄相当的异性也产生浓厚的兴趣，十分渴望与异性有所接触，尤其是让自己有好感的女生注意到自己。为此，会在各种场合中想办法吸引异性对自己的注意，并且一旦有接触的机会，就会希望尽量地表现自己，让女孩子欣赏和佩服自己。也正因为男生和女生的这些特点，男生和女生在一起的时候，无论是男生还是女生都往往会表现得更好一些，这就是人们常说的“异性效应”。比如说，你们男生不仅想通过自己的表现来赢得女生的注意，还想通过自己的表现来获得女生的好评和好感。女生用“疯”的方法来吸引男生，男生也有类似的做法。不知你注意到周围有没有这样的现象：有些男生特别爱在女生面前“出洋相”，或者上课故意捣乱、或要一些小聪明、或者故意欺负女孩子。

Frankie：有，有。我们班的 Sun 这学期就变得这样，您说的这些事情都是他经常做的。

妈妈：这说明 Sun 很可能已经进入青春期了。他这么做是为了引起女孩子对他的注意和获得她们的好感。这是一种正常的心理现象，无可厚非。不过他采用的这种方法跟女孩子采用的“疯”的方法一样，都不够成熟，不但不能获得别人的好感，反而会使别人反感。其实采用一些别的方法，可以得到较好的效果。比如，上课积极发言，取得优异的考试成绩，在文艺、体育或科技等方面有特长……

* * * * *　* * * * *　* * * * *　* * * * *

Frankie：明白了，原来突然变得“疯”呀、“闹”呀都是想在异性面前表现自己。

妈妈：对，但这个只是你看到的女生“疯”的原因之一。还可能是另一种原因，不过那个原因就比较复杂了，被称为“性别角色混乱”。所谓性别角色混乱是指两性在社会文化规定的各自相应的位置和行为规范、模式上的混乱，即通常所说的男孩像女孩，女孩像男孩的现象。这就是为什么很多青春期的女生、男生喜欢的偶像明星都具有“中性化”的特征。

Frankie：有道理，我就发现我们班的女生比男生“疯”，而有的男生特柔弱，经常被女生欺负。

妈妈：男女性别上的差异不仅表现在其生理基础上，也表现在其社会适应能力和社会行为上。青春期是男女性别角色分化的关键时期，是男女两性认同各自身份角色的关键时期，如处理不慎，将造成男生女性化和女生男性化等问题。

也就是说青春期发展的一个重要任务就是认清自己的性别角色——确认你自己是扮演男性的角色还是女性的角色。以前，你一直是个小男孩或小女孩，而今后你要成长为一个男人或女人。女人要恰当地扮演女人的角色，男人也要做男人所应当做的一切。在这些转变发生之前，你必须了解男人应当扮演什么角色，女人应当扮演什么角色。

Frankie：就是说不能总是“中性化”，要男女有别，是不是？

妈妈：是，男女应该是有区别的。进入青春期以后，少男少女由于性激素的分泌，第二性征的出现，使身体外形及体内功能发生了很大的变化。这一变化既影响周围人们的评价，又促使自己性别角色认知的发展，因此，少男少女心理上的差异越来越明显。男孩子往往性格开朗、勇敢刚强、果断机智，不拘泥于细枝末节，不计较点滴得失，好问、好动、好想。当然，也有的男孩子粗暴骄横，逞强好胜。女孩子往往文静怯懦、优柔寡断，感情细腻丰富，举止文雅、灵活、委婉，有较多的被动意识。

Frankie：可是有些男生真的特像女生，那怎样才能变得像个男生呢？

妈妈：这个问题很复杂。因为目前青春期孩子很多出现“性别角色混乱”是社会、教育等多种原因造成的，所以解决起来就比较复杂，需要父母、老师、社会共同努力。比如，父母和老师就要摈弃对孩子过度呵护、照顾的做法，给孩子锻炼能力、磨炼意志的机会，让男孩子更加自信、勇敢、独立、坚强。特别是对那些像女孩子的男生，要让他们多与男性相处，多从事一些属于男人的运动，像足球、篮球、拳击、攀岩、户外运动等，帮助他们找到做男人的感觉和精神气概。

Frankie：就是男生像男生，女生像女生。

妈妈：是这样，不过还要注意的一点是，男生、女生的性格特征尽管有区别，但也绝对不是泾渭分明，国外有心理学家提出了人的第四特征，也就是男女双性化的概念，认为无论是男性还是女性，都应该取长补短，相互借鉴，同时具有男性气质和女性气质的心理特征。这样，具有双性化气质的人集男性和女性的优点于一身，在很多情况下能把事情处理得更出色、更理想。这是一种理想化的性格模式，也是传统的关于男性和女性的角色认识的一大突破，应该是现代社会进步的表现。比如，你作为男生，在保持自己男子汉气概的基础上有必要吸取女性的一些优点，例如细心、稳重、善解人意、计划周密、追求完美……如此会让自己的性格发展更趋完善。

* * * * * * * * * * * * * * * * * * * *

Frankie：男生和女生都有优点，要相互学习，取长补短，那就要与女生多交往，成为朋友了。可是上中学后男生和女生的交往跟小学时有些不一样了，真麻烦，该怎么与女生交往呢？

妈妈：其实，不仅你们男生关心如何与女生交往，女生也关心如何与你们男生交往。因为进入青春期后，男生有接近女生的心理需要，女生也有接近男生的心理需要，甚至会对异性心存好感。不知道你们有没有这样的体会：由于同龄的伙伴之间在兴趣、爱好、关注点上相仿，因此有许多共同话题，在这种思想和情感的交流中，可以相互了解、建立友谊，是非常美好的事情。

Frankie：班里无论男生还是女生相处好还特别让人高兴。

妈妈：在班里，你有谈得来的或比较欣赏的女生吗？

Frankie：当然有了，有几个谈得来的，还有几个比较欣赏的。我有些人气指数吧！

妈妈：不错，人缘很好嘛！能跟我聊聊与女生聊天跟与男生聊天的区别吗？

Frankie：没问题。一般我聊得比较来的女生都是比较大方的，跟她们相处比较兴奋，甚至比与男生相处还兴奋。跟男生相处有时也很兴奋，但兴奋的感觉特别不一样。还有女生心特细，做题的时候，可能她不如我想得快，但只要她会，她就错不了，特佩服，这点真比不了。她们还比我们男生刻苦，我跟几个学习比较好的女生聊过，她们上的课外班特多，但还能认真完成作业。我们男生在一起聊的多是一些什么军事、汽车、游戏、NBA之类的话题。跟女生聊这些，她们一点都不感兴趣，她们更爱跟我们聊什么《哈里波特》之类的小说呀、某歌星唱了什么歌呀这类的话题。

妈妈：是这样。所以，在青春期，异性之间的交往（并非恋爱）是正常的，而且是必要的。与异性建立友谊和积极交往不仅是美好的，还是非常快乐的事情，还有助于男生和女生共同健康成长。比如，男生的思维比较敏捷、开阔和深刻，并且善于独立思考问题，动手能力很强，但是考虑问题不够细致。而女生的思路与男生比可能比较狭窄，逻辑思维能力与男生比可能差一些，但女生思维比男生细致，在记忆能力和语言能力方面比男生有优势。男生和女生之间积极的交往能让彼此相互影响，取长补短，全面发展。男生会变得果断而不武断，沉着而不呆板，刚毅而不鲁莽；女生会变得健美而不轻浮，沉静而不寂寞，淡雅而不花哨。因此，适当的异性交往还可以使个体获得愉快的情绪体验，激发活动的积极性和创造力。此外，异性交往可以促进个性的发展，有助于自我认识和完善，进一步确认自身的性别角色，多角度认识自我。如：男性在异性面前要展示自己潇洒、绅士的一面，女性则会在男性面前展示自己温柔、淑女的一面。男生、女生都会有意按照理想的模式塑造自我形象。男女在智力上的差异相互配合可以提高学习和工作效率。但是异性交往还是有别于同性交往，处理不好会出现难以控制的局面。

另外，男生、女生之间建立积极的交往模式，有助于彼此对异性的科学认识和了解，减少对异性的好奇心和神秘感，能促进彼此心理健康的发展。否则，如果进入青春期后不与异性经常交往，反而会造成对异性的神秘感和好奇心，不利于男生、女生身心的健康发展，甚至导致更加严重的问题。因为青春期的青少年对异性的倾慕、向往和对异性的好奇、神秘感会驱使他们想接近异性，这种渴望接近的愿望如果受到压抑，会引起情绪上的焦虑，导致注意力不集中、烦躁、情绪低落，或采用其他方式宣泄，处理不好甚至会出现行为上的偏差。你表面装着不知道，但是整个人心绪烦乱，实际上是压抑了自己的感情。

***** ***** ***** *****

Frankie：可是，上中学后，有的女生已经不爱理我们男生了，说我们男生幼稚，我们男生也认为女生太疯，太喜欢搬弄是非。

我们现在下课玩、聊天、吃饭的时候，已经不是像小学那样不分男女了，而是男生跟男生在一起，女生跟女生在一起玩。

妈妈：进入青春期后，男女生之间的关系有了新的特点，双方都开始意识到了性别问题，并彼此对对方逐渐发生兴趣。但在最初阶段，从表面上看，同学们并不互相接近，而是互相排斥。

Frankie：哦?！那以后会变成什么样？

妈妈：到青春期阶段中后期，男女生之间逐渐开始融洽相处。而且在一些男生和女生中，会有一位自己所喜爱的异性朋友。

Frankie：啊?！那不就是常说的“谈恋爱”吗？我们旁边那所高中学校被称为“流氓学校”，就因为那里的学生谈恋爱的太多了。

妈妈：不用紧张。我们先辨别一个概念：友情和爱情。友情

（也叫友谊）是以友爱为出发点，有共同目标的朋友之间的深切感情；爱情是以性爱为基础，以结婚为目的的活动。爱情是指人格成熟的两个异性，经过一段时间的交往，彼此有了深入的了解，从而建立起来的持久的亲密关系。爱情是两性之间所存在的一种特殊关系，需要通过理智、道德、意志来实现，需要负社会责任和法律责任。

刚才我们说的到了青春期阶段中后期，男女生之间逐渐开始融洽相处，而且在一些男生和女生中，会有一位自己所喜爱的异性朋友。这并不丑恶，只要我们处理得当，是不会影响我们的成长的。一般来说，这种感觉只是一种感觉，男女生一般不将这种情感公开出来，在许多情况下，只是一个永久的秘密。异性间的相互吸引、交往而产生的愉快，是一种良好的、积极的情绪体验，可以激发人的潜能，使人敏捷活跃、奋发向上。并且，随着时间的流逝，随着他们各方面的发展与成熟，随着价值观的不断变化和调整，产生于青春期阶段的这种情感很可能就渐渐淡化下去，甚至完全消失。所以，青春期阶段的爱慕之情是很稚嫩的，缺乏牢固的基础。但是，只要处理得当，控制在相当有限的程度内，这种感情也有一定的意义，因为它可以促进同学们努力完善自己。然而，如果这种关系无限度地发展，就会妨碍同学们的正常进步。

Frankie：看来与女生交往，只要是正常交往，就是值得提倡的，因为不过也是朋友嘛，唯一不同的是我们的性别不同，保持平常心就好了。

妈妈：你说得对。整个中学阶段，是青少年发展友谊的重要阶段，也是学习基础知识的重要时期，人生发展的一个很重要的原则就是抓住事物发展的关键期。友谊是人类优美的感情之一，是人们在共同的学习、工作的基础上产生的激励鼓舞人们前进的高尚的道德力量。友谊，可以说是我们青春的主旋律。学生时代的朋友往往是终生的朋友，这个时代结下的友谊是最为纯真的，只要我们好好珍惜，它的纯真就会永远伴随着我们的成长。如果这个时候你只沉溺于与某异性的友谊，必然影响你与更多人发展友谊。

Frankie：您能告诉我，友谊和人们常说的爱情的界限吗？

妈妈：你这个问题问得很好。不少中学生在经历了对异性同学的好感、好奇后都有这样的困惑。有的人认为在异性之间，不可能有真正的友谊，异性之间的友谊和爱情很难决然分开。的确，在平时的生活中男女之间的友谊很容易就发展成爱情。但是，这条规律并不是在所有时期、所有条件下都成立。中学阶段，男生和女生之间肯定能有纯粹的、纯洁的、美好的友谊。前苏联著名教育家苏霍姆林斯基曾经说过这样一段精辟的话："友谊是高尚爱情的学校。在青少年时期没有学会与人结成真挚友谊的人，也不会在同有着相同观点和信念的挚友进行精神交往中感受到巨大幸福，也不会感受到爱情的巨大幸福。"也就是说，爱情不丑恶，它是圣洁的、美好的，但只有到了一定年龄，能正确理解它、懂得珍惜它的人，才能栽培它并使之永远盛开。青春期的少男少女，人格还不成熟，性情尚欠稳定；由于生活阅历有限，对人、对己的认识还比较肤浅；终生职业尚未确定，你很可能不了解自己未来的生活方式。你的情感需要尚不稳定，你的人生道路尚未明确，当然，也就难以真正知道自己未来需要什么样的人作伴侣了。所以，在中学阶段，在爱情的土壤还不成熟的时候，最好的、最明智的做法是敬而远之，集中精力学习，积累自己的人生资本，并拒绝接受和传播爱情的种子。

Frankie：我还是不懂什么是爱情，爱情是女生和男生关系特好、特谈得来的那种情况吗？

妈妈：爱情对于中学生这个年龄段的人来讲，真是有些神秘，但又的确有些深奥。你们真的很难理解这个词汇，因为你们的生活阅历和生活积累不够，你们的心理还不够成熟。妈妈在这里只能告诉你“关系好、谈得来”只是爱情表面特征的一部分，爱情最核心的内涵是双方愿意并能够为对方承担责任。对此，你现在可能还不真正懂得妈妈说的责任，对于男人和女人到底意味着什么。但是，希望你记住要能够承担自己所有行为的责任，做事前先想，我为此要承担什么责任，能够承担就去做，不能够承担就不去做。

＊＊＊＊＊　＊＊＊＊＊　＊＊＊＊＊　＊＊＊＊＊

Frankie：您说的关于责任这个问题我记住了。

我还有个问题，就是我们男生和女生如果接触多了，其他人就会起哄、乱说。更主要的是家长会疑神疑鬼，我们班霄霄和女生依依都特别喜欢漫画，他们俩总是互相借对方的漫画书，下课还经常在一起神侃漫画的事情，在我们小孩看来这没什么的，可是依依的妈妈就找到霄霄的妈妈，让霄霄离依依远些，还让老师给霄霄调座位。你看，本来没什么事的，家长却认为是很严重的事情。所以我们现在其实不太敢与女生交往多了。

妈妈：在我国漫长的封建社会里，“男女授受不亲”的旧礼教，在男女之间画出了一道难以逾越的鸿沟。我国历史上曾有这样的记载：一个女子被一个不相识的男子碰了一下手臂，这个女子就心甘情愿地将那条手臂砍下来，以示贞洁。这是何等的愚昧！这种事情在今天是绝不可能发生的，但不能说封建伦理观念的影响已经得到彻底清除。当年鲁迅先生所嘲讽的“见一封信，疑是情书了；闻一声笑，以为是怀春了；只要是男人来访，就是情夫；为什么上公园呢？总该是赴密约”一类的现象仍然可以见到。一些青少年之所以慑于同异性交往，恐怕同封建伦理观念的作祟不无关系。而且周围也确有一些人，包括老师、家长和同学，对男女之间的交往有着高度的警觉和敏感，喜欢大惊小怪、指手画脚。因此，男生和女生对同异性交往顾虑重重、畏畏缩缩，也就不足为怪了。

男女同学朝夕相处，建立正常的友谊是完全应该的。对这种高尚的情谊要倍加珍惜，绝不可随意糟蹋。有个别同学看到异性同学间多说了几句话，在一起讨论了几道题，便起哄或编造谣言加以中伤。这种做法是不道德的，是低级趣味、修养不高的表现，我们不要太在乎这些谣言。

常言说，树欲静而风不止。男女之间的正常交往也可能招致一些误解和非议。你们大可不必为此而烦恼，更不必因此就不与异性交往了。只要是正常的友谊就应该积极主动、大大方方、不卑不亢。走自己的路，让别人去说吧，谣言止于智者。

Frankie：如果自己与异性同学的交往受到老师和父母的误解怎么办呢？有没有办法消除误解，毕竟被别人在背后说三道四不好。

妈妈：首先要理解父母，其次要设法消除这种误会。要知道父母产生误解的根源在于他们对自己子女的一种爱，而且，这是一种负责的、严肃的爱。他们是过来人，根据自己的经验，知道青少年感情丰富、幼稚单纯，因此，担心孩子与异性同学在交往中缺乏理智，陷入情感的旋涡，发展为“早恋”而不能自拔，影响学习和进步，甚至为此而断送了前程。因此，对父母的这份爱心，应该给予理解。退一步说，即使父母的误解使自己受了委屈，但这起码可以提醒你时刻掌握同异性交往的适宜度，免得走入误区，这又有什么不好呢？所以，千万不能以误会对误会，以顶撞和唱反调去对待父母的一片爱心。

你们与父母就这个问题产生矛盾的解决与否，很大程度上取决于少男少女平时的态度和行为。

如果你们能够有远大的理想，热爱学习，成绩优良，对异性有正确的认识，不会陷入早恋的泥潭，同异性的交往是以获得友谊为目的，父母往往就比较放心，而不会加以干涉了。

父母是否支持你们小孩与异性交往，这和你们平时与父母的沟通情况也有关。不少青春期的青少年认为自己长大了，思想成熟了，因而与父母的关系也开始疏远陌生了。他们每天来去匆匆，在家的时候，常常把自己关在房间里；虽与父母同在一个屋檐下，却犹如生活在两个世界。孩子的一举一动会引来父母过分的关注和担心，沟通良好的家庭，父母一般都会对孩子的交往采取宽容和放心的态度。

与异性交往的方式也决定着父母的放心程度。你们应采取集体的异性交往，避免“一对一”的约会。个别异性同学偶尔到家里来，你应当大方而不拘谨地向父母介绍对方，不要吞吞吐吐，躲躲闪闪。否则，父母会生疑心。即使某位异性对你“心向往之”，有意识地接近你，你也不必向父母撒谎，把你自己的态度向父母表明，并坦然地与那位同学正常往来。

* * * * *　* * * * *　* * * * *　* * * * *

Frankie：有道理。您刚才一直说女生、男生正常的交往是值得提倡和应受到保护的，那么同异性交往怎样才算正常？男女同学怎样的交往才算正常呢？

妈妈：这个问题问得好！应该说符合行为规范的、有分寸、有原则的异性交往就是正常的异性交往。青少年朋友必须清楚地意识到异性之间的交往不同于同性之间的交往。在两小无猜的幼年时代里，你可以毫无顾忌地和异性同伴手拉手一起跑、跳、游戏，但进入青春期后，随着性意识的觉醒，少男少女可以清楚地意识到性别的差异，意识到社会文化传统和行为规范的力量，就绝不能像孩提时代那样同异性同学随随便便地在一起了。这就要求青少年朋友在同异性同学交往时，要掌握一定的分寸和原则。

Frankie：都应该掌握哪些原则呢？

妈妈：男女生交往应坚持这样几个原则：

1. 在和异性相处时要注意自然大方，不要过分扭捏或夸张。和男生可以自然交往，但不宜单一交往，且交往不要过频，交往地点不宜过于隐秘，可在有其他同学一起参加的集体活动中自然相处。如果交往过密，或把主要精力放在了异性交往上，会使自己陷入感情的旋涡中。处于青春期的我们无论是生活阅历还是自制力都很薄弱，这样就会无暇顾及学业，使自己背上一个沉重的包袱。

2. 克服冲动，常提醒自己，不要因为一时的冲动而失去同学间原有的珍贵友谊。

3. 强化责任，要多替家长和老师着想，要学会把真挚的感情珍藏起来，而不要因为一时的情感困惑，伤害了你身边最亲的人。

4. 畅想未来，多想想5年甚至10年以后的理想中的自己应该是什么样子的，这样可以调节情绪，给自己前进的信心和勇气，向着目标迈进，一定要相信未来更美好！

Frankie：这个说得太笼统，能说些有操作性的方法吗？

妈妈：因为交往的双方性别不同、心理特征更不同，所以这个问题要按照性别分开来谈。先说说男同学应恪守的交往准则吧。

一般来说，作为男同学，在同女同学交往时，主要应注意以下几点：

1. 要理解女同学的生理与心理特征。阴阳世界，男女有别，进入青春期后，女生不但在体形外貌上形成与男生迥然不同的特点，而且，由于性发育逐渐成熟，在心理上也与男生大相径庭。例如，女生在成人，尤其是在异性面前，常产生羞涩感，并且喜欢看书，尤其是文学著作，喜欢与兴趣、爱好相近的同学聚在一起谈天说地；她们喜欢沉浸在美妙的遐想之中，富有浪漫色彩和情趣；她们还希望不因女性的生理特征而受到男生的轻视，要求得到异性的尊重、理解和帮助。这一切都是男生与女生交往时应注意的。

2. 男生要有绅士风度，能够主动关心、帮助女生。论身体的强壮刚健，男生不愧为强者。男生应利用这种优势帮助、关心女生，而不应将此作为傲视女生的资本。例如，当比较繁重的劳动任务交给全班同学时，男生不应讥笑女生体力不行，或袖手旁观看笑话，一旦发现有的女同学有困难或体力不支时，要主动帮助。同时在学习中，男生也要与女生互相帮助，互相学习，取长补短。

3. 要尊重、保护女同学。男女同学在交往中，一定要自尊自爱，互尊互爱，要讲究文明礼貌。诸如出言不逊，污言秽语，对女同学动手动脚、打打闹闹，甚至勾肩搭背等有失大体的不文明行为要严格禁止。当女同学受到别人的欺侮或威胁时，男同学有必要采取各种措施挺身而出保护女同学。

4. 要有符合道德规范的自制能力。处于青春期的青少年，由于性意识的觉醒，易产生对异性的好感和爱慕，期待和寻求感情交流。但是，无数事实证明，青少年过早涉足爱河是有百害而无一利的。因此，要充分认识这一点，做自己情感的主人，加强自身修养和意志力的锻炼，用理智去排除任何非分之想，控制、调节自己的不当行为，做一个具有君子风度、品德高尚的人。

Frankie：呵呵…我明白了，就是说我们男生要有绅士风度，胸怀坦荡，有责任感，对自己和别人都要负责任，要尊重关心女生。

妈妈：很对，你总结得非常精辟。

*****　*****　*****　*****

Frankie：那女生应该遵守的原则一定是要当个淑女吧？

妈妈：有些道理。对女生来说，在同男同学的交往过程中，也要注意四个方面：

1. 要稳重大方，举止端庄。“端庄自爱，洁身如玉”是我国女性的传统美德。在与男同学交往时，女同学要懂得自尊自爱，待人接物要做到语言亲切，态度诚恳，文雅庄重。不要装腔作势，扭扭捏捏；也不可随便乱开玩笑，嬉笑打闹，你推我拉；更不能搔首弄姿，卖弄风情。语言可以幽默风趣，但要掌握分寸，不可出口伤人，傲慢无礼。总之，在与男同学的交往中，要体现出自己的高雅。

2. 要避免过分的热情和亲近。对男同学的态度要适宜，过分的亲近和热情容易引起男同学的误会，也往往易使女同学失去自矜、自爱及自尊的防线。因此，在与男同学相处时，一定要善于把握自己的感情，特别是与男同学单独相处时，更要庄重有礼，保持一定的空间和心理距离。

3. 要理智地谢绝异性的爱慕与追求。在男女同学的交往中，男同学多充当“主动出击”的角色。当男同学向女生表白爱慕之情时，女生一定要冷静、妥善地加以处理，不要伤害对方的自尊心，同时也要保全自己在他心目中的美好形象。

4. 要勇敢反击异性的挑逗和侵害。自尊自爱既是女性的高尚情操，也是女性自我保护的守护神。在同异性的交往过程中，一旦发现对方有非分之举，要勇敢反击，绝不可半推半就，堕入歧途。在平时也要提高警惕，例如，不要随便与男性接触，不可让男性拥抱和亲吻自己；当与男性在一间房内时，不要锁门；一个人在家时，不要随便让男性入室，并要学会其他一些有关自我防卫的措施和方法。

* * * * *　* * * * *　* * * * *　* * * * *

Frankie：基本明白了，在交往中男生要当绅士，女生要当淑女。还有个问题，我们平时结交同性朋友也是有选择的，并不是只要是个人就值得去结交。那么结交异性朋友又怎么选择呢？

妈妈：这的确是个大问题。妈妈问你，你用什么标准选择可以结交的同性朋友。

Frankie：我选择那些在某方面优秀的人作为可以结交的朋友。因为，与优秀的人交往，跟优秀的人做朋友，能让自己跟优秀更接近。比如，与诚实的人交往，能让我懂得什么是诚信；跟善良的人成为朋友，能让我懂得善与恶；与乐观的人交往，能让我更积极地看世界。

妈妈：非常好的标准！其实选择交往的异性朋友大致的原则也是这样，具体说可以有以下几点：

1. 优秀原则——即在某方面是优秀的，这样才能取长补短，彼此获益，共同成长。

2. 近似原则——就是兴趣相投、性格相符，可能交往起来效率更高。

3. 人品原则——人品的好坏更决定交往的质量。由于现代社会各种诱惑非常多，为了使交往能有健康的发展方向，就要找那些个人品质好的人来交往。

Frankie：假设我发现一个女生符合上面这些条件，我很想与她成为好朋友，但她如果并不欣赏我，不愿意与我交往，我该怎么办呢？

妈妈：如果你发现一个男生符合你交友的“优秀原则”，你主动出击想跟他成为朋友，但他并不欣赏你，你怎么办？

Frankie：那说明我们没有“缘分”，世界上的人多了，这人不行就找别人呗。

妈妈：跟异性交朋友的道理也是如此呀。

Frankie：由于我还不到 12 岁，还没有进入青春期，所以关于如何在中学阶段与女生交往的问题，我能想到的只有这么多了。不过，我相信通过刚才您的讲解，我一定有能力处理好与女生的关系。

妈妈：妈妈也相信你有这个能力！

第五篇　成为受欢迎的人

有调查表明，30% 的中学生存在不同程度的人际关系问题，人际交往问题已经成为困扰青春期发育阶段的孩子比较常见的问题。青春期是形成健全人格和培养人际交往能力的关键时期，帮助孩子学会处理人际交往中的问题、掌握人际交往的技巧、拥有和谐的人际关系，一方面可以让他从与他人的交往中调整自己的言行，另一方面可以让他自己化解孤独感，增强自信心，为将来的成功打下坚实的基础。

Frankie：妈妈，我给你讲个今天发生在我们班的特搞笑的事情。

今天上数学课的时候，小楠的桌子太靠前了，挤到了坐在前排的小露，小露觉得位置太小了，于是就把小楠的桌子使劲往后推了推。俩人因为这事连课也不上了，就在课堂上闹了起来。他们下课后继续在老师办公室大吵。下午，老师把他们的家长找来，帮助解决位置问题，最后决定在地上画条线，谁也不能越线。他们俩这才肯罢休。这事的起因和最后的解决办法，太搞笑了！他们俩似乎比幼儿园的小孩还小！您说他们俩这是怎么回事？

妈妈：呵呵，他们的确不成熟，心理年龄跟生理年龄不太同步。他们这事反映出的是目前中学生的一个常见问题——人际交往。

Frankie：人际交往在我们中学生中也是问题吗？我还以为只有你们成年人有人际交往问题呢？

妈妈：有人群的地方，就存在人际交往问题。人际交往是社会中人与人之间进行交流沟通的一种活动形式，是社会生活中的每一个成员都必须具备的一种技能，这种能力的形成对个人的发展有着极其重要的作用。一方面，人际交往是社会化的必经之路，通过交往，我们能从人与人的相互影响中得到信息，以便及时调整自己的言行。另一方面，通过人与人的交往可以让人获得安全感和增强自信心，化解人的孤独感，尤其是让青少年能够得到鼓励，能够被同伴所接受，能够归属于某一积极团体，有助于他们更好地发展自己的才能和人品。因此说，人际交往能力的锻炼可以促使人健康地成长。青春期是形成健全人格和培养人际交往能力的关键期，但有关调查表明，部分青春期的青少年在社交方面有着不同程度的欠缺，所以要重视青春期人际交往能力的训练和培养。

* * * * *　* * * * *　* * * * *　* * * * *

Frankie：其实所有同学都希望自己有很多朋友，生活在一个和谐的集体中。但是，很多时候不知道为什么同学之间可能会为别人的一句话就吵了起来，平时班里总是大小冲突不断。我真的不明白，为什么既然大家都希望自己生活的这个集体和谐、彼此团结，但还是不断有同学出现问题，不能与别人很好地相处；还有的同学尽管学习成绩很好，但人缘极差；有的人不知道为什么总是与别人发生冲突，而且他好像总是受害者。

妈妈：进入青春期的青少年都渴望得到父母之爱、老师之爱，更重视同学间的友谊，良好的人际关系有助于他们的健康成长。但是这一时期的青少年，往往不知道如何与人相处、如何与同学交往。因为你们这一代被称为“90 后”的孩子基本上属于独生子女，上个世纪 90 年代，伴随着你们的出生，我们国家的经济进入了一个飞速发展的时期，经济的发展积聚了丰厚的社会财富，因此你们生活的物质条件很好，然而物质生活条件的优越不能解决你们从小缺乏小伙伴的事实，造成你们以自我为中心比前几代人更明显，过度的以自我为中心是良好人际关系的破坏力量，这是第一个原因。第二个原因是，正处于青春期的你们由于生理发展所带动的心理变化造成你们情绪丰富，波动很大。不稳定的情绪的确会影响人际交往。第三个原因是，你们处于充满竞争的学校环境之中，目前学业带给你们的压力远远超出了“80后”和“70后”，你们所面对的社会环境的复杂程度也远远超出了“80后”和“70后”，即将开始或刚刚开始青春期发育的你们的心理发育还远远没有成熟，而学业压力压得你们没时间去成熟。心理不成熟的你们当然不知道如何走出各种各样复杂的矛盾，这也是造成人际交往问题的主要原因。

Frankie：还有的人天生特孤僻，这样的人人缘也不会好。

妈妈：是这样的，这也是造成青春期青少年人际交往问题的第四个原因，就是与青少年个体的个性有关系。

Frankie：您讲的这四点原因造成了青春期青少年人际交往问题，我感觉这些问题在我们同学身上表现很明显。我们班有的同学，上学一个人，放学一个人，遇上周末或是放假，干脆要么一个人待在家玩游戏、上网，要么在家长的带领下上课外班。其实，他们中不少人并不是喜欢独来独往，而是没有机会与别人交往，即使在学校有限的课间10分钟，还经常与别人闹别扭，特别是女生。我想他们一定是缺乏跟同学交流的技巧。

妈妈：你为什么认为有些人与同学交往不好是因为缺乏交流的技巧呢?

Frankie：因为我发现很多时候彼此能稍微大气一些，不斤斤计较，或者改变一下说话方式，或是跟对方稍微解释一下消除误解……冲突根本就不会产生；有些人还像小孩一样，说话不分对象、不分场合胡乱开玩笑，根本不考虑自己说的话会不会让对方不高兴；还有些人自以为是，做事只考虑自己，不考虑别人。我认为没有人天生就喜欢被孤立，他们都是因为没有掌握人际交流的技巧。

妈妈：分析得很透彻！的确，有一些青春期阶段的青少年在生活上以自我为中心，对于集体生活没有充分的思想准备，沿袭着在家中当“小皇帝”“小公主”的习惯，觉得周围的人让着自己是应该的，想干什么就干什么，不管是否影响到了他人的生活习惯；在学习上以自我为中心，因为自己是班上的尖子，就觉得自己在学习上占有较大的优势，看不起成绩一般的同学，不愿与他人共同探讨、相互学习，总认为自己是最好的；在社会活动、集体活动中以自我为中心，听不进别人的建议和想法，总希望别人依照自己的“吩咐”去做，这种交往方式最易导致被孤立、不受他人欢迎的局面，给自己、他人带来不必要的烦恼，给集体带来不必要的损失。

*****　*****　*****　*****

Frankie：看来人际交往能力真的很重要呀！

妈妈：是的。青少年正值青春期，青春期是人生长发育的高峰期，也是心理发展的重大转折期，更是各种能力形成的关键时期。人际交往能力是指妥善处理组织内外关系的能力，包括与周围环境建立广泛联系和对外界信息的吸收、转化能力，以及正确处理上下左右关系的能力。

Frankie：人际关系不好，自己的心情也好不了。

妈妈：心情好坏是人的情绪反映。人际交往就能够影响青少年学生的情绪和情感变化。

青春期的少男少女情绪容易波动，而且表现为两极性，即有时心花怒放、阳光灿烂、满脸春风，有时愁眉苦脸、阴云密布、痛不欲生，甚至暴跳如雷。在这个过程中，一旦受到不良因素的影响，就容易产生焦虑、紧张、恐惧、愤怒等不良情绪，影响学习和生活。实践证明，友好、和谐、协调的人际交往，有利于学生对不良情绪和情感的控制和宣泄。

Frankie：总跟别人处不好关系，慢慢地，这人一定会变得孤僻。

妈妈：的确，人际关系影响青春期学生的生理和心理状况。

因为处在青春期的学生，渐渐地从家庭中游离出来，更多地与同伴一起交流、活动，结交志趣相投的伙伴为知心朋友，他们无话不谈，形影不离，视友谊至高无上，甚至为朋友两肋插刀也在所不惜；青春期是性心理萌芽期，表现为开始比较注意自己的形象，特别是异性同学对自己的评价，也尝试与异性交往，但是在交往过程中心理变得很复杂。一方面渴望接近对方，另一方面又很害怕别人发现……一般说来，具有良好人际关系的学生，大都能保持开朗的性格，热情乐观的品质，从而能正确认识、对待各种现实问题，化解学习、生活中的各种矛盾，形成积极向上的优秀品质。相反，如果缺乏积极的人际交往，不能正确地对待自己和别人，心胸狭隘、目光短浅，则容易形成精神上、心理上的巨大压力，感觉到孤独、寂寞、无助，难以化解心理矛盾，严重的还可能导致病态心理。

Frankie：我很喜欢与别人交流，因为跟别人交流可以让自己的眼界开阔。

妈妈：我理解你说的意思，就是说人际交往是交流信息、获取知识的重要途径，我同意你的说法。因为现代社会是信息社会，信息量之大、信息价值之高是前所未有的。人们对拥有各种信息和利用信息的要求，随着信息量的扩大，也在不断地增长。通过人际交往，学生们可以相互传递、交流信息和成果，使自己丰富经验，增长见识，开阔视野，活跃思维，启迪思想。

你感觉与别人多交流、多交朋友还能让你有什么样的感受？

Frankie：当自己有烦恼的时候，跟朋友聊聊，心情就好了，跟朋友在一起能让我感觉很放松。

妈妈：你这种感觉，跟妈妈与朋友交流时的感觉是一样的。

人际交往能够影响我们的精神生活。青少年学生情感丰富，在紧张的学习之余，需要进行彼此之间的情感交流，讨论学习、理想、游戏、偶像，诉说喜怒哀乐。人际交往正是实现这一愿望的最好方式。人际交往，可以满足学生对友谊、归属、安全的需要，可以让学生更深刻、更生动地体会到自己在集体中的价值，并产生对集体和他人的亲密感和依恋之情，从而获得充实的、愉快的精神生活，促进身心健康。

Frankie：看来人际交往能力对我们的人生都能产生影响。

妈妈：你的思考能力越来越强了！是这样的，人际交往是青春期学生认识自我、完善自我、完成自我同一性的重要手段。

人际交往，可以帮助学生们提高对自己的认识，以及自己对别人的认识，完成自我同一性。同一性是一个心理概念，是指个体将自身动力、能力、信仰和历史进行组织，纳入一个连贯一致的自我形象中。首先，青少年感到自己是一个独特的个体，虽然可能和别人共同完成任务，但是他是可以和别人分离的；其次，自我本身是统一的，自我有一种发展的连续感和相同感，现在的我是由童年的我发展而来的，将来我还会发展，但是我还是我；最后，自我设想的“我”和自己体察到的社会人眼中的“我”是一致的。因此，青少年交往面越宽，交往越深，对对方的认识越完整，对自己的认识也就越深刻，才能得到别人的理解、同情、关怀和帮助，自我同一性才可以达成。

***** ***** ***** *****

Frankie：我还注意到一个问题，就是我们有些人人际关系不好反映出来的是与同学处理不好关系，但也有人表现出来的是，跟同学关系特好，但跟老师和家长的关系特别不好。

妈妈：你总结得很好。你观察到的这些正反映出青春期阶段青少年人际关系的特点。

处在青春期的学生，渐渐地从家庭中游离出来，更多地与同伴一起交流、活动，结交志趣相投的同学为知心朋友，他们无话不谈，形影不离，视友谊至高无上，甚至为朋友两肋插刀也在所不惜，这些举止往往令家长很难理解，而这恰恰是典型的心理断乳表现，只是发生得太快，家长没有心理准备，如果此时的家长愈加束缚，他们会离家愈远，有的甚至逃离家庭去投奔同学。同时，青春期是性心理萌芽期，表现为开始比较注意自己形象，特别是异性同学对自己的评价，也尝试与异性交往，但是在交往过程中心理变得很复杂，一方面渴望接近对方，另一方面又很害怕别人发现，结果，在交往过程中神神秘秘、羞羞答答，反而显得别扭；一般情况下，他们并不是在谈真正意义的恋爱，只是彼此有共同的语言，喜欢一起交流和彼此欣赏，但是，由于表现得不同而成为同学们的谈资，一经同学的夸大处理便成为有色新闻，令当事人非常尴尬，就这样，由于和异性同学的交往而引发严重的心理负担，直接影响到学习和生活的为数不少。这就是青春期的苦恼……

你刚才已经讲了你观察到的在你们同学中反映出来的人际交往的问题，我们一起总结一下青春期阶段青少年人际交往问题的表现，这样有利于我们发现人际交往的技巧。

Frankie：最常见的一种就是常常独来独往，喜欢独自待在家里，凡事与己无关、漠不关心，与同学有点不合群。我能说出的第二个表现就是，特别清高孤傲、自以为是，明明是别人都不愿意搭理他，但他自己却认为在班上找不到值得交的朋友，比如，他会认为这人学习太差，这人太小气，这人幼稚，这人不讲究卫生，这人太笨，这人太精……总之别人都一身毛病。

妈妈：你总结得很好！你说的第一种情况所表现出的是典型的“冷漠心理”。这些人实质上不尊重别人的人格，对同学缺乏热情、关心和帮助，言辞尖刻、态度孤傲、表情冷峻，一副事不关己、高高挂起、拒人于千里之外的态度。

你说的第二种情况表现出的是一种“自满心理”。他们骄傲自大、自以为是，看不起其他同学，喜欢对他人吹毛求疵，品头论足。常常看不到自己的不足之处，听不进别人善意的劝告，表现为抱残守缺，不愿延伸自己认识的触角和拓展思维领域。自满心理导致部分学生在自我封闭的狭小空间里逞能。

刚才你还提到一种表现——“自我中心”，这也是青春期青少年常见的人际交往问题的表现。因为目前绝大部分同学是独生子女，长期生活在“四二一”的家庭环境中，以自我为中心的意识较强，注重自己的情感，高兴时高谈阔论，委屈时诉说烦恼，不注意他人的感受，也不会倾听他人的意见，极易形成同学不愿与其交往的尴尬局面。

Frankie：还有人表现出来的是嫉妒心理，女生这种情况多些，我们男生要好得多，当然个别的也有。

妈妈：呵呵……对，嫉妒心理的确是青春期青少年人际交往问题的表现之一。

嫉妒是指意识到某人、某事可能对自己有威胁时产生的一种怨恨、愤怒、痛苦的复杂情感，是一种极不愉快的负面心理体验。因为现在你们的学业压力和学习竞争压力的确很大，你们这代人从出生开始就被教导："不能输在起跑线上！"要竞争，要超过别人，要争每一分。这就造成有些同学往往不能容忍别人的进步和成功，害怕别人强于自己，但自己又不愿做艰苦的努力，常常讽刺挖苦、诽谤攻击他人，以求通过让别人失误甚至伤害别人来达到自己的目的。嫉妒心理是人际关系中非常有害的腐蚀剂，是害人损己的心理。

Frankie：我想还有您原来曾经给我讲过的在青春期常见的自卑心理，自卑的人常把自己与别人隔绝开来。

妈妈：你的记忆力真好！是的，自卑心理的确也是青春期青少年人际交往问题的表现。有些同学习惯于拿自己的短处和别人的长处比较，过低地评价自己，常做"我不行""我不如他们"等消极暗示，对自己信心不足，盲目地依赖别人、取悦别人，不敢涉足新的交往领域，在交往中总是表现为羞怯、忧伤、退缩。不敢交往、缺少交往，使自己陷入更深的自卑中。

Frankie：还有的同学特胆小，他们不敢与别人交往，特别是与不熟悉的人交流，甚至与老师说话都脸红。这个算青春期人际交往问题的表现吗？

妈妈：这种“胆怯心理”是青春期青少年人际交往问题的表现。中学阶段有一部分同学因为缺乏社交能力而苦恼，总感觉别人在注视自己，时常过度紧张。见到陌生人就脸红、心慌、紧张，不愿说话，不敢说话，眼睛不敢看人。与其交谈时常出现面红心悸、手抖出汗、言语支吾、手脚拘束的情形，与人交往中往往采取回避、退缩等消极行为。胆怯心理容易形成自我孤立、自我封闭的状态。

你观察得很仔细，再想想还有没有其他表现？

Frankie：有些人，特别是有些女生特“八卦”，总是捕风捉影地胡乱解释别人的话或者别人的行为。这是一种人际交往问题的不良表现吗？

妈妈：这种“猜疑心理”是青春期人际交往问题的一种表现。

青春期有些青少年过分敏感，在与人交往中过分留意别人的脸色和言语。猜疑成癖，捕风捉影，往往节外生枝，自寻烦恼，制造隔阂。

我们把青春期人际交往问题的常见表现已经总结得差不多了。

* * * * *　* * * * *　* * * * *　* * * * *

Frankie：那您给我讲讲怎么排除这些不良心理吧？

妈妈：可以。不过在告诉你方法之前，你先告诉我你喜欢什么样的人？你喜欢什么样的交往的对象？

Frankie：这个问题不容易回答，让我想想，恩……我喜欢优秀的人，我还喜欢有共同话题的人。

妈妈：英雄所见略同！我们都比较喜欢两种人：一种是和我们相似的人，一种是我们认同的人。

俗话说：物以类聚，人以群分。那些和我们自身的某些特点有相似或相同点的人，往往会很容易产生共鸣，彼此也会容易喜欢对方。比如相似的教育、相似的兴趣、相同的信仰、类似的经历、类似的观点等等，太多太多的相似或相同了。

我们还都比较喜欢那些虽然和我们不同，但我们认可或欣赏的人。认同——比如对他人文化的认同、地域的认同、情感的认同、理念的认同、目标的认同、形象的认同、行为的认同，等等。欣赏——每个人都有自己的局限，所以自然对那些在某些点或面比我们优秀的人，我们会更加欣赏，更加喜欢。

Frankie：我知道了，您是想让我知道两层意思：一是要想处理好人际关系首先要先了解自己；二是自己也要做个优秀的人。

妈妈：你真聪明，能看到妈妈的心里面。

是这样的，人际交往从表面上看是你在与别人交往，但从某种意义上说是你在与你自己交往，就是说你的各种心理特质决定了交往的质量。中国有句古话：知己知彼，百战不殆。在人际交往中，首先要能够真正了解自己，知道自己的优点和缺点都是什么，才能表现出自己的思想和才能，使他人了解、赏识和接纳自己的性格、学识和品质，同时看到别人比自己强在什么地方。在与他人的比较和他人对自己的评价中客观全面地认识自己。这样的交往才是高效率的、高质量的。

Frankie：正确认识自己、了解自己在人际交往中也这么重要？

妈妈；是的。正确地认识自己还能够帮助我们正确地评价和认识他人。人与人的性格不同，在交往中不能强求别人处处和自己一样。没有人十全十美，每个人身上都是既有优点，也不可避免地存在缺点的。要能够发现别人的优点，多看别人和自己的共同点。学会换位思考，能够站在对方的角度和立场上考虑问题。对别人多一份理解，多一份宽容。

Frankie：了解自己，除了要了解自己的个性特征外，还要了解什么呢？

妈妈：好问题！还要了解自己的情绪状态。了解自己的情绪状态，才能在具体的人际交往中尽量减少感情用事，保持理智，使处理方法更成熟。比如，当发生人际冲突的时候，意识到自己正处于愤怒的情绪状态中，这时候说出的任何话、做出的任何决定可能都是不理智的，于是可以停下来，深呼吸，默默在心里从 1 数到 20，在能够平静下来的时候，再做决定，再说话。在理智的情况下，人与人之间即使发生冲突也是不可怕的，因为理智下的冲突对冲突双方的伤害是有限制的，便于理智地解决冲突。

Frankie：是不是了解自己的情绪也便于我们了解别人的情绪？

妈妈：对，说得非常好。的确是这样，只有了解自己的情绪，才能懂得对方在某种情况下会是什么样的感觉、什么样的情绪，这样你才能够做到换位思考，才能有同理心。

Frankie：您刚才还告诉我：通过知道我们自己的喜好，我们还知道了什么样的人在人际交往中受欢迎。您具体讲讲到底什么样的人在人际交往中比较受欢迎呢？

妈妈：尽管每个人的人格特质、生活经历、教育情况不同，造成每个人的个人喜好也不同，但还是有一些人格特质是大家共同喜爱的。比如：真诚、善良、正直、尊重、诚信、宽容、开朗、积极……

* * * * *　* * * * *　* * * * *　* * * * *

Frankie：具备这些品质的人可能是比较受欢迎的，我们在与人交往的时候，无论是与同龄人交往，还是与家长、老师沟通，这些品质肯定都是适用的。但是我还是感觉可操作性不是很强。有没有一些与人进行交往的好的技巧呢？

妈妈：有的。人际交往既是一门科学，又是一门艺术，需要掌握一些技巧，我们先谈谈一些不分交往对象适用的一些方法、技巧。

第一，要善于“倾听”。要与他人处好关系，耐心地倾听他人的讲话是十分必要的。在人际交往中“听”比“说”重要。倾听不是仅仅用耳朵简单地“听”。倾听时，要注意眼睛注视对方的表情，仔细把握说话人的一切“无声言语”，如叹气、停顿、沉默、体态等，并及时地、适当地给予应答性的反馈。在“倾听”的同时，要善于观察，不仅观察对方的形体语言，还要观察从“说”中所反映出的性格特征。然后针对对方不同的个性特征，采用不同的谈话方式。

第二，要真诚，要讲信用。主动积极地进行交往，适当充分地向对方表示你的友好愿望，使对方能真切感受到你的善意和诚意，进而做出积极的反应，这就是中国古话说的“投桃报李”。同时，对自己的所言所行一定要负责任，不要轻易许诺，一旦许诺，要设法实现，以免失信于人。朋友之间，言必信、行必果，不卑不亢、端庄、谦虚而不矫饰诈伪，不俯仰讨好位尊者，不藐视位卑者，显示自己的自信心，取得别人的信赖。

第三，要与人为善。在与人交往的时候，要克服猜疑、嫉妒、苛求、孤独、自卑与自满等不良的心理状态，学会求同存异，消除偏见，用积极的态度与人交往。

第四，要学会运用说话的技巧。要选择谈话的机会，善于表达自己的情感与想法，注意在不同场合讲话的分寸，不讲不该说的话。在讲话中注意幽默感，则能增加人际吸引力，克服尴尬的场面。在谈话中，注意谈起对方感兴趣的事情和最为珍视的东西，使之高兴，你就不难与之接近了。同时，在说话的时候善于运用礼貌语言，让对方感受到尊重、温暖和亲切。此外，谈话的时候，要围绕一个话题，千万不能东拉西扯、离题万里，让对方不知所云。否则，不仅浪费自己和他人的时间，也不能达到交往的目的。

第五，要注意人际交往的互惠互利原则。人际交往是一种双向行为，故有“来而不往非礼也”之说，那些单方获得好处的人际交往是不能长久的。所以要双方都受益。不仅是物质的，还有精神的，所以交往双方都要付出和奉献。维护友谊，不等于迁就对方、附和对方，靠一团和气来调和矛盾，虽然表面上不伤感情，但实际上拉大了彼此的心理距离。

第六，要学会尊重别人。尊重别人最重要的是要尊重别人的价值观。人是复杂的，各人的价值取向也会各不相同，所以很难、也没有必要千人一律。尊重对方的价值观是交友中很重要的一个方面。学会理解他人，在人际交往中一定要提醒自己不要做让人反感的人。

第七，要注意运用“同理心”与人交往，就是善于站在对方的角度来考虑，努力理解对方的苦心。当观点不一致时，应想办法心平气和地向别人讲明你的想法，相互增进理解，使彼此间的感情融洽。切记不可粗鲁、顶撞，那样会伤害朋友的自尊心。凡事多从他人角度着想，自己有错时应主动承认、道歉，对同学的缺点也要给予宽容。平时多参加集体活动，多和同学交往。

第八，灵活运用交往方式。交往的方式要根据不同的时间、地点和交往对象做出及时的调整，不要刻板、固执。我国著名心理学家丁瓒教授说：“人类的心理适应，最主要的就是对人际关系的适应，所以人类的心理病态，主要是由于人际关系的失调而来。”进入了一个崭新的学习和生活环境，同时也意味着进入了一种新的人际关系之中。对中学生来说，对新的人际关系的适应要远比对学习和生活环境的适应困难。有的同学还像上小学那样，只跟自己喜欢的人交往，对自己看不惯的人根本不理。也有的同学还是动不动就“我不爱理他”，在交往中显得十分幼稚。这些较为情绪化的交往方式很容易造成交往障碍，增加自己的心理压力。

* * * * *　* * * * *　* * * * *　* * * * *

Frankie：我知道了，请您按照交往的对象来分别谈谈人际交往的方法吧。

妈妈：好。我们先看看与同龄人进行有质量交往的方法。进入青春期后，随着青少年自身生活环境的不断扩大，大家开始走向独立，朋友对自己的影响也越来越重要。这时期，青少年自己也是十分在意同学、朋友如何看待自己，以及自己在他们心目中占有什么样的位置。在和朋友相处中，不仅可以增进对自己的了解，得到更多的自我肯定，还可以从朋友那得到自身情绪上的缓解。而且，青少年时期的友情最为单纯、真诚，正因为如此，这个时期所交的朋友经常是一生的朋友。所以，学会结交好朋友，并与朋友相处好也是非常重要的。这就要求：

一是交朋友要有选择，注意性情相投，积极真诚。俗语说，“近朱者赤，近墨者黑”，如果交友不当，会沾染不好的习性，对自己发展肯定不利，所以与朋友交往要注意有益于彼此的健康成长，自己要有正确的判断是非善恶的标准。

二是与朋友相处要学会宽容待人，严于律己，不能处处以自我为中心，要有胸怀，宽容，不能斤斤计较。每个人都会有缺点，要取长补短，学习朋友的长处，并帮助他改正不足。嘲笑和轻视朋友的缺点都是不可取的。

三是朋友之间也要互相尊重，保持彼此的相对独立和自主性，不可过分依赖朋友，互相是平等又是友好的。

四是友谊需要经常维护，要真诚。

五是赞美。对于他人正在进行的活动，不要随意批评或者发表不同的意见，要给予由衷的赞美。

六是分享。自己喜爱的东西，获得的成功，要展示给同伴，和大家一起享受经验和快乐。

七是轮流。如果两人同时需要一个东西，可以采用商量的办法，轮流使用或者用自己的东西与对方交换。

*****　*****　*****　*****

Frankie：与同学、朋友相处相对于与父母相处还属于简单的，我们觉得最头疼的是如何与父母沟通，因为父母与孩子一定是有代沟的。

妈妈：孩子与家长沟通真的那么难吗？我想只要双方都有改变的欲望，就一定能进行有效地沟通的。从人的成长过程来看，青少年在小时候一般不会去考虑父母的教育、职业、出身、品德等情况，他们一般都相信父母、依赖父母。可是到了青春期，生活环境扩大了，父母不再是孩子心目中的英雄，所以这时候青少年可能会觉得朋友比父母更了解自己，而父母常常不能理解自己，墨守成规、跟不上潮流，加之这时期的青少年自我意识已觉醒，十分渴望独立，但他们在经济上还是依赖父母，生活上离不开父母的照顾，自己在外界又面对许多问题和困惑，如学习成绩、考试压力、与同学的矛盾、对异性好奇等等，因此常常情绪不稳，有挫折、自卑、不安和无助感，这一切都会让他们滋生逆反心理和敌对态度。所以，在与父母相处上，你们青少年首先要经常提醒自己注意：珍惜父母的爱心和关怀，对你来说，天下爱你的人莫过于父母，父母总是处处为你设想，不惜牺牲自己，即使父母想法与你不一致，做法欠妥，也必有他们的良苦用心。其次是，要主动向父母表达自己的意愿与想法，消除潜在的误解；学习选择适当的时间和地点与父母交谈，对父母态度要谦恭，不要任意发脾气；尊重父母的建议和指导，当与父母出现冲突时，要主动寻求父母谅解。

Frankie：从我与您的沟通看，我感觉只要真的能做到这一点，与父母肯定是可以沟通的。比如，有时候当您特别严厉批评我的时候，我当时也特别生气，但很快我就会问自己，您为什么跟我生这么大的气，答案其实都是一样的，就是——您在为我的成长负责任。而您尽管在批评我的时候也相当严厉，但您从来不否认我的价值，只是就事论事，而且有根有据，以帮助我解决问题为目的。这样也便于我理解家长的目的。所以，孩子与父母沟通的关键在于双方都能够站在对方的立场上考虑问题，正确理解对方，态度坦诚，不说过火的话，也不做过火的事。

妈妈：我为你骄傲！你总结得非常好！

Frankie：不过，我还有个问题，就是很多同学都认为，父母跟我们真的缺乏共同语言，比如我们偶尔玩玩喜欢的游戏，父母认为玩游戏就会上瘾，像这样的事还有很多，父母一般不愿意听我们小孩怎么说、怎么想。

妈妈：呵呵……这就是“代沟”呀！你们认为父母不愿意与你们沟通，其实父母一定也认为你们不愿意与他们沟通。

“代沟”是对代际差异和代际隔膜的形象化的描述——如隔

鸿沟。其含义是亲子之间或长辈与晚辈之间，在思想上、生活方式上、社会目标上尤其是在价值观方面，存在深刻的异质性，使彼此难以相互理解和认同，从而发生摩擦和冲突。在社会观念强烈的情形下，代沟的产生存在着它的必然性，这是普遍存在的社会现实，产生这种现象的原因是多种多样的。我们不能把责任完全归咎一方。

一般来说，代沟通常产生在青春期，青春期的青少年对未来充满幻想，进取心强，积极向上，精力充沛，感情敏感，但是毕竟阅历浅、经验少，行为比较偏激、轻率，甚至不切实际。由于性格的不成熟导致对于长辈的经验之谈置若罔闻，从而产生巨大的代沟。你想，从这个角度看，代沟的产生是父母的原因，还是子女的原因呢？

在思想观念上，你们是处在一个相对年轻的位置，你们的行为方式变化比较大，而父母的文化结构、思想观念相对固定。为什么我们在小时候和过了不惑之年后代沟就不那么常见呢？你从这个角度看：产生代沟的主要责任在于你们还是在于父母呢？

此外，父母有多年为人处世的经验，他们在对你们教育的过程中，对那些他们认为不应该或不适合你们接受的观点采取一种过滤的方式，不让你们接受这些思想。而你们通常认为这是长辈固守家长权威，固执独断，不能容纳你们的意见，其实这是你们对长辈教育的一种误解。

当然，不管是父母对子女，还是子女对父母，良好的沟通都是必要的。在现实生活之中，子女往往觉得是父母拒绝与自己沟通交流，但事实并非如此，现代的父母反而比子女更希望能得到更好的交流。社会调查表明，高达85%的父母希望能明白自己孩子的想法，并做到没有代沟，有70%的父母希望能和自己的孩子像朋友一样地交流。而子女则不然，有60%的孩子认为父母是无法理解自己的，73.5%的子女觉得自己的事没有必要跟父母说，更有5%的孩子拒绝做类似的尝试。这些数据都表明父母与子女之间存在因缺乏沟通而出现的代沟。

其实进入青春期后，孩子希望独立自主的心理越来越强，进一步拒绝与家长沟通的倾向更加明显。这个时期的孩子越来越多地希望脱离父母的视线，使得一些原本沟通良好的父母与子女之间关系紧张，进而出现代沟。

刚才我对“代沟”做了分析，你看，“代沟”产生并不可怕，“代沟”的出现说明你们正在成长，问题的关键是如何认识“代沟”问题，如何解决“代沟”问题。我刚才已经分析，“代沟”的解决之道就是我们刚才一直在说的沟通。

* * * * *　* * * * *　* * * * *　* * * * *

Frankie：我明白了，解决与父母关系的难题的关键就是沟通和理解。那么，我们与老师的沟通，我认为最根本的就是尊重，要尊重老师的劳动，尽管不是所有老师都很有能力，也不是老师说的所有话都对，做的所有事情都正确，但作为学生，我们还是要尊重老师的劳动。

妈妈：你说得非常对，你说出了师生关系的真谛。对于青少年来说，老师是除了父母之外与他们接触最多的成年人，师生之间的互相影响对老师，尤其对学生的发展有着深远影响。可是，与小学生不同（小学生一般对老师言听计从），到了青少年时期的学生，他们自己对事物和对人都逐渐有了独特的看法和评价，他们开始会以批判的眼光来评价老师，并且有时会表现出对部分老师的崇敬而对部分老师的排斥甚至反感。但学生一天中至少有四分之一的时间要与老师在一起奋斗，所以师生关系关系到青少年的学业和成长。

与老师相处，一方面要知道老师与其他成年人一样既不是完美的，也不是万能的。作为学生，要有意识的调整好自己对老师的看法，不满意老师的性格或是过度崇拜老师，会影响自己知识的学习和健全人格的形成。有了对老师正确的态度，才能认真听取老师作为一个年长者和学识丰富者对自己知识的教导和为人之道的指导，通过不断向老师学习来充实自己、提高自己。

另一方面要知道师生关系是平等的，作学生的如果对老师敬而远之，就会失去许多与老师相互沟通的机会，实际上一般老师都是愿意和学生建立亲密信任的关系的。所以，青少年学生不要总是被动地等待老师来关注自己，可以主动去和老师交流，探讨学业上的疑问，也可以谈些内心的想法和学习的心得，以便及时得到老师的指导。

* * * * *　* * * * *　* * * * *　* * * * *

Frankie：妈妈，再问个问题，其实这个问题我都不知道该问什么，因为这只是我观察到的一个现象。

妈妈：你有个善于观察、善于思考的好习惯！跟我说说你观察到的现象，我们讨论讨论，也许我也不知道正确答案是什么，但我们共同讨论讨论，也许能发现点什么。

Frankie：是这样的。以前上小学的时候，大家关注的事情无外乎是什么东西好玩，什么事情有趣……可是上中学后，开始是女生，她们下课经常在一起谈论谁的妈妈开什么车、穿什么牌子的衣服，谁用的是什么牌子的文具……最初我不明白她们讨论这些事情有什么意思，但最近，我发现有些男同学也开始关注这些事情了。

妈妈：你观察到了一个很重要的问题！这个问题从本质上看是青春期青少年的自我意识的发展问题。

Frankie：自我意识的发展问题？

妈妈：是的。青春期是自我意识快速发展的阶段，青少年在探讨“我是谁”这个问题时，不得不在意自己在他人心目中的形象以及他人的评判。这是完成自我同一化过程的必然条件。

你刚才谈及的观察到的现象，正是青少年在自我成长过程中会出现的——以自我为中心导致的思维问题。

Frankie：以自我为中心导致的思维问题？真的吗？

妈妈：的确是这样。青少年的以自我为中心会导致两种不同的思维，第一种思维是“幻想出来的舞台效应”。自我意识过强的青少年会幻想自己是所有其他人关注的唯一焦点，他们此时会很在意自己的相貌、衣着、说话时的语气以及举手投足，有时会刻意地夸张其行为表现。他们刻意表达着自我概念，并且用这个自我概念过滤客观环境提供的信息，解读这些信息。例如：一个想象自己能成为篮球明星的人，不仅在篮球场上生龙活虎时有万众瞩目的陶醉，就是走在大街上亦能感受到路人对自己的篮球派头投来的欣赏目光。而一位对自己信心不足的青少年，则会感受到自己就像时刻站在舞台的聚光灯下，所有的缺点暴露无遗，被他人评论和唾弃。第二种思维是沉迷于“独一无二”的自我体验中，不愿意接受他人的经验，难以设身处地地从他人的视角看待问题。这种沉迷有助于提升青少年的自我评价和对自身重要性的感受，对青少年心理成长有一定的保护作用。但是，专注于“独一无二”的个人体验，也会让青少年品尝到挫折和危险。例如：一位自认为骑单车技艺非常高超的青少年总是钻行在汽车中间，对一切善意的劝阻置若罔闻。而一位总猜疑他人对自己有微言的青少年，对自己的感受坚信不疑，不肯于尝试换位思考。结果是他们要么与危险碰撞，要么陷在孤独的痛苦中难以解脱。

Frankie：我刚才观察到的现象应该属于第一种吧。

妈妈：对，是属于第一种，你的判断正确！随着生理上的发育和社会接触面的扩大，青春期发育阶段的青少年非常关注别人对自己的看法，喜欢用别人的标准来衡量自己。这样做的目的是要获得社会、别人的尊重与认可。

毋庸讳言，我们国家随着市场经济在不断发展，而与市场经济配套的社会文化的发展却滞后了，这样造成我们的社会特别看重三样标准：美貌、智力和金钱。这些价值观一定会影响到青春期发育阶段生理和心理还都不够成熟的青少年。除了外貌与智力因素以外，青少年们也常用金钱来衡量自身的价值。他们通常认为富裕的家庭比贫穷的家庭在社会上扮演更重要的角色，而为了能够被人接纳，并博得别人青睐，他们必须在穿着方面达到某个标准，或是家里必须有辆名牌轿车（还有华贵的家具等），或是在特殊的地段（比如交通便利、环境幽雅、上流社会人士的聚居地等）有豪华住宅，或是父亲有份令人景仰的工作并处于较高的职位。没能拥有这些条件的年轻人就会自觉低人一等，尤其是当别人都有漂亮的名牌服饰，而自己不能拥有这些名牌服饰和用品的时候，他（她）的自卑感会特别强烈。

Frankie：这不就是虚荣吗？

妈妈：对，表现出来就是所谓的“虚荣”。心理学上认为，虚荣心是一种为了满足自己荣誉、社会地位的欲望，而表现出来的不正常的社会情感。虚荣心是自尊心的过分表现，是为了取得荣誉和引起普遍注意而表现出来的一种不正常的社会情感。

在强烈的虚荣心支使下，有时会产生可怕的动机，带来非常严重的后果。因此，虚荣心是很不好的，应当把它克服掉。虚荣心的产生与人的需要有关。人类的需要分生理需要、安全需要、归属和爱的需要、尊重的需要和自我实现的需要。其中尊重的需要包括对成就、力量、权威、名誉、地位、声望等方面。一个人的需要应当与自己的现实情况相符合，否则就要通过不适当的手段来获得满足，在条件不具备的情况下，达到自尊心的满足就产生虚荣心。因此，有的人说虚荣心是一种歪曲了的自尊心，是有一定道理的。

Frankie：您告诉过我，自卑和过分地自尊都是自我意识的问题。

妈妈：说得很对。好奇、好胜、片面的虚荣心理是属于自我意识的问题。随着生理上的发育和社会接触面的扩大，青少年自爱之心亦与日俱增。然而，这种自爱很容易被追求虚荣所篡改。例如用片面的虚荣去满足某种好奇、好胜及自我外露的心理愿望。近些年来，青少年吸烟、喝酒的人数呈升腾倾向，关键原因是受好奇心驱使，使自己像个大人，容易交到知己，更显得轻灵、潇洒，还有好胜和所谓的“心理归附性”。有的女孩子过分追求美化妆饰，未走上社会就重申高损耗，若任这种恶性心理发展，就有可能走入歧途。

Frankie：既然这个问题的后果这么严重，怎么办呢？

妈妈：做到自尊自重，克服虚荣心，这是首先要做到的。做人起码要诚实、正直，绝不能为了一时的心理满足，不惜用人格来换取。有的少女为了满足物质的追求，牺牲自己最宝贵的贞操，这是值得深思的。只有把握住自尊与自重，才不至于在外界的干扰下失去人格。

Frankie：可是，如果大家都用这样的标准评价一个人或一件事，该怎么办呢？

妈妈：这就要具有正确对待舆论的能力。因为，虚荣心与自尊心是联系的，自尊心又和周围的舆论密切相关。别人的议论、他人的优越条件，都不应当是影响自己进步的外因，绝对需要的是自己的努力。只有这样的自信和自强，才能不被虚荣心所驱使，成为一个高尚的人。人应该追求内心的真实的美，不图虚名。很多人能在平凡的岗位上做出不平凡的成绩，就是因为有自己的理想。同时，做到自知之明。这就是说要能正确评价自己，既看到长处，又看到不足，时刻把消除为实现理想而存在的差距作为主要的努力方向。

Frankie：我明白了，我们要有一个正确的价值观，另外正确对待社会评价标准。今天您跟我谈了很多人际交往的技巧，希望我的人气指数能够更上一层楼。

妈妈：我相信你能!

第六篇　做好自我保护

社会环境的复杂化与学校教育的程式化，造成学生在自卫认识和能力方面的严重欠缺。总体上说，社会制度给青少年提供了一个光明、健康、积极向上的社会环境。但是，毋庸讳言，社会生活中仍然存在阴暗角落、污秽潜流、颓废思想、丑恶的现象。处于青春期的孩子尽管生理上开始成熟，但心理发展相对滞后，社会经验的积累还不够，造成青春期的孩子很容易受到各种伤害，因此必须重视青春期孩子自我保护意识的确立，并培养其自我保护的能力。

妈妈：你来看看《南方周末》的这篇报道——《毒品笼罩下的少年江湖》，这是对轰动全国的“贵州习水嫖宿幼女案”的深度调查，说轰动一时的“嫖宿幼女”事件也只是毒品链条中的一环。

Frankie：太可怕了！太可怕了！卖淫、毒品、帮派……这些电影里的故事情节竟然真实地存在，真难想象社会竟然让这些事情发生，而且还发生在学校的学生中，被报导的那些学生都还很小，最大的不过高中生，多数是初中生，甚至还有小学生。真的太可怕了！那些学生和学生家长也真可怜！

妈妈：看了报道，妈妈也非常震惊！特别是最近一二年来，这样的“新闻”越来越多了：未成年人被诱拐、敲诈，未成年人参与“黑”“赌”“黄”“毒”，未成年人被非法侵害……越来越多的报道，显示这些针对未成年人的犯罪已经不是个别了。

Frankie：一直以来，我总以为社会挺美好的，善良的好人一定比坏人多。从小你们就教育我要学会信任别人，要积极生活。真没想到，社会还存在这么丑恶的事情，真让人难以想象。

妈妈：一般说来，家庭环境、学校环境、社会环境、法治环境等等构筑起孩子成长的大环境，总体上说，社会制度给青少年提供了一个光明、健康、积极向上的社会环境。但是，你知道，我们国家是发展中国家，由于多种原因，社会文明的发展水平是落后于经济发展水平的。因此，毋庸讳言，社会生活中仍然存在阴暗角落、污秽潜流、颓废思想、丑恶的现象。不用觉得很奇怪，这是社会发展进程中的阵痛。任何事物的发展都不可能是一帆风顺的，社会的发展也同样如此。你想我们国家幅员这么辽阔，人口这么多，俗话说：林子大了什么鸟都有，更何况在一个国家。一句话，社会不都是美好的，也不都是丑恶的，就如同人有两面性一样。这可能就是社会的常态吧。

Frankie：您说的这个我懂，没有人尽善尽美，看来社会也是如此。也就是说，社会肯定存在着丑恶的东西，而且这些丑恶的东西在相当长的一段时间内好像还消失不了。

妈妈：你说得对。这些是我们作为普通人根本无法改变的事实，我们普通人能做的是想办法不要让这些丑恶的东西伤害到我们，或者尽量减小伤害的程度。因为未成年人年龄小，心智还不够成熟，社会经验还不够丰富，判断力也还不够，所以未成年人成为这些丑恶的事情最容易伤害到的一个群体。

Frankie：那怎么办呢？这个社会真奇怪，一方面逼着我们“两耳不闻窗外事，一心只读圣贤书”，另一方面还任由那些丑恶的东西伤害我们。我们小孩太难了！太辛苦了！

妈妈：总是乐观、积极的Frankie怎么也发出感慨了？不用担心！这个社会不会任由丑恶的东西去伤害社会未来发展的承担人，不会的，肯定不会的！至少我们成年人一定会尽力保护自己的儿女。妈妈跟你讲这些是让你明白：一定要树立自我保护的意识，学习并掌握若干自我保护的本领。

中国少年儿童工作委员会制订《中国少年儿童生存与发展行动计划》，即《中国少年雏鹰行动计划》，要求当代少年儿童学会“五自”，其中就有“自护”。“自护”，要求初步了解一些法律常识，学会运用法律手段维护自己和同伴的正当权益，增强分辨是非的能力，敢于同不良行为及坏人坏事做斗争，了解基本的医疗卫生常识，知道一些在紧急情况下基本的处理方法和救护常识。

Frankie：哦！原来是这样呀！

妈妈：其实学习这些内容也是你们成长的一个重要组成部分，因为未来社会有激烈竞争，既需要敢闯敢冒险的勇气，也需要审时度势的清醒；既需要“百舸争流”单兵作战的智慧，也需要各行业的集体合作；既需要对人信任，也需要对人警惕；对恶人恶事，手中应有矛；对险情隐患，手中应有盾。

Frankie：我很愿意学习这些本领。这些本领都包括什么呀？

妈妈：青春期自我保护教育的内容包括：

1. 敏锐的识别（全局观察和疑点的再观察）；

2. 清醒的判断（是非、真伪、表里、安危、合法非法的总判断，对事件性质的分析，对疑点细节的分析，对当时处境的分析，对事态发展的几种预测）；

3. 理智的自制（对意外钱物的警惕，对诱惑拒绝的勇气，对困境摆脱的信心，对威胁暴力抗拒的决心，对慌乱情绪和鲁莽行为的自我暗示，对自己体力和能力的客观估计）；

4. 强烈的自我保护意识（自尊、自爱、自律）；

5. 灵活的自卫方式（利用环境保护自己，借用他人保护自己，运用法律保护自己，孤军奋战时策略的选择，其他应变机智的手段）；

6. 受害受骗后的自我救护和自我心理疏导。

Frankie：这么多呀！看来真该好好学学。

妈妈：我们今天就学习“危急情况时该怎么办”，来探讨青春期自我保护的方法。

* * * * *　* * * * *　* * * * *　* * * * *

Frankie：既然刚才您给我看的报道里讲了女生受到侵害的事情，那我们就先探讨女生自我保护的问题。您可别误会，您不是说过男人要学会保护女人吗？我想把女生自我保护的方法整理出来放到班级博客上，让我们班的女生都能有自我保护的本领。

妈妈：妈妈欣赏你的绅士行为！

的确，未成年女生其实是一个最容易受伤害的群体，她们学习自我保护的方法太重要了。青春期女孩最容易受到的伤害就是“性骚扰”。

Frankie：“性骚扰”？一个新名词，什么意思？

妈妈：有句话叫做“距离产生美”。在男孩、女孩的交往中，也同样适用。每个人都有自己认为安全的自我空间。有社会心理学家研究表明，异性之间的最佳距离是 0.75～1.5 米，这样既可以让对方感到友好、热情、真诚，又不会引起对方的紧张、局促。尤其是女孩子，对这种自我空间的需求更加强烈，更重视适当的距离给予自己安全的感觉，当男孩子靠得太近或相互推搡拥挤时，常会觉得非常反感、不愉快。而且，对于正在发育中的你们，还要避免在这种近距离“接触”中碰撞到身体的敏感部位。

女孩子一定要学会保护自己的身体，比如像乳房、外阴等部位都是非常私密、敏感的部位，是不可以随便让别人看或是触

碰的。

“性骚扰”是指一方刻意对另一方做出与性有关的言行举止，而令另一方觉得不愉快、不舒服，或是在生理、心理上被伤害和侵犯。性骚扰的方式有很多种，包括强行触摸、抚摸你的身体，尤其是隐私、敏感部位，强行进行拥抱、亲吻等直接的行为侵犯，用猥亵、污秽的语言进行挑逗，要求观看色情影片、照片、图书或拍摄裸体照片、影片等。这种性骚扰有异性间的，也有可能来自同性之间，除了陌生人以外，有时性骚扰也会来自于邻居、朋友甚至亲戚等熟悉的人。面对性骚扰时，女性受到的身心伤害更大，后果也更加严重。

Frankie：女孩子怎么避免“性骚扰”呢？

妈妈：女孩子要避免遇到性骚扰的情况，要注意自己的行为举止、衣着打扮，以免给别人留下不良的印象、甚至想入非非。

具体说来应做到：不贪图小利、不轻信人言，不随意接受别人的馈赠或邀请；慎重选择朋友，不与有不良习惯、行为举止的人交往；尽量不与异性单独外出，更不要在外过夜；晚间尽量不单独外出，不去僻静、黑暗的地点；不穿太过暴露的衣服，不要浓妆艳抹，否则容易招致侵袭；坚决抵制淫秽书刊、影像制品等。

Frankie：如果不幸遇到“性骚扰”，该怎么处理呢？

妈妈：如果不幸遇到“性骚扰”，女孩子一定要有勇有智。具体说是这样的：

首先要在心理上有所防范和准备，不仅是陌生人，对熟人、平日里对你很好的人的建议和行为，都要有理智、正确地辨别，尤其是遇到必须单独与男性在一起时，或是在比较拥挤的公交车等肢体易密切接触的场合。

一旦遇到性骚扰和性侵犯的事情发生，头脑要清醒，不要慌张。千万不要因为胆怯、软弱而就范，这样只会助长对方的气焰、让对方得寸进尺。要知道“邪不压正”的道理。机智灵活地应对，巧妙地与“色狼”周旋，把保护生命安全放在第一位，任何时候都不能放过求救、反抗、逃跑的机会。可以勇敢地大声提出抗议，向周围的人群呼救或是给予暗示，尽量往视线开阔、人群密集的场所，或是寻找有保安、治安岗亭、派出所、公安局的地方，设法脱身和求救。如果一时无法摆脱控制，可以暂时不反抗，以免刺激对方采取过激行动，要冷静、镇定地拖延时间、寻找机会发出求救信号或伺机脱身。无论什么情况下遇到性骚扰，都要尽快告诉家长、老师，并记住对方的身体和相貌特征、口音、服装等，以便将线索提供给公安部门，将其抓获并给予应有的惩罚。

如果最终非常不幸被强暴，被强暴后，千万不能因爱面子而不敢报警。要及时告诉家长，并注意搜集证据，勇敢地报案，把色狼的基本特征描述清楚，为侦破工作创造有利的条件。被污辱后，先不要着急清洗，这样不利于取证。要在家长的陪同下去医院检查治疗，写出伤情证明。同时在医生的指导下做好紧急避孕工作。更重要的是要振作起来，不能觉得自己被坏人强暴就低人一等了，更不能对生活失去信心。亲人、朋友、老师、同学是关心你的，你将来还有很长的路要走，有很美好的未来在前面等着你。应尽快摆脱阴影，重新开始生活。记住：遭坏人污辱并不是你的过错，你的生活道路还很长，要勇敢地面对。

Frankie：我们男生是否也可能遇到“性骚扰”问题呢？

妈妈：男生也一定要注意预防“性骚扰”问题，掌握防性骚扰的本领。男生预防“性骚扰”与女生预防“性骚扰”最大的不同是：男生必须能够辨别什么是对自己的“性骚扰”，不要忽视“性骚扰”。男生也一定要学会保护自己的身体，比如像阴茎、睾丸等部位都是非常私密、敏感的，也是不可以随便让别人看或是触碰的。比如强行触摸、抚摸你的身体尤其是隐私、敏感部位，强行进行拥抱、亲吻等直接的行为侵犯，或用猥亵、污秽的语言进行挑逗，要求观看色情影片、照片、图书或拍摄裸体照片、影片等都属于对男生的“性骚扰”。还要注意对男生“性骚扰”的既可能是男性，也可能是女性。男生特别要注意来自于男性的“性骚扰”。

如果不幸骚扰还是发生了，请记住那绝不是你的错误，也不能因此而软弱、胆怯，或是因为害怕别人知道而不敢对父母、老师讲。这种事情应该由那些侵犯者来负责，不该用骚扰者的错误来惩罚自己。这时候，去告诉父母、老师，必要时还可以找心理医生，并去医院做检查，别因为羞愧而将自己藏起来，那样会让自己的损失更大，给心灵带来更大的创伤。

* * * * *　* * * * *　* * * * *　* * * * *

Frankie：呵呵……我们男生也很容易受伤嘛。突然想起来，上个月我看晚报上报道一个事情：南城一所中学的大门外总有几个社会青年勒索抢劫学生。如果遇到这样的情况怎么办呢？

妈妈：这样的事情最近几年多了起来，真该注意一些。首先，放学后要及早回家，没有特殊事情，不在外面停留，不要在路上买东西吃、玩闹、看热闹。要注意不要乱讲话、暴露自己的底细。在外要特别小心，一句不经意的话可能会招来杀身之祸。家里的地址、钱财、家长的工作单位等等，都属个人隐私，不能轻易外露。另外，不要带很多钱上学，以防止被人"惦记"上。还要注意不能轻易离开人多的地方。抢劫者不敢轻易在人多的地方下手，当被抢劫者推拉去僻静地方时，要坚决不跟着走，这样就相对安全了。

如果不幸遇到抢劫，要保持冷静，机智地与抢劫者做斗争。积极依靠群众，高声呼喊，招来群众解围，争取得到群众的帮助，也可以想办法拨打110电话报警。同时要注意机智灵活，生命最重要。对方很强悍，可以采取缓和的姿态，不要硬顶，尽量不发生直接的冲突。关键时候，可以先把钱交给抢劫者，舍财保命也是上策，等脱身后报警。

Frankie：我认为还有一点可以补充上，就是遇到勒索的时候，千万不能胆怯，可以先实施缓兵的计策，答应对方的要求。然后回来后，一定要勇敢报告给家长和老师，寻求家长、老师和公安机关的帮助。反正，最重要的是不能被勒索者吓倒了，毕竟这根本就不是我们的错，他们敢于勒索我们小孩，就是认为我们小孩胆小，回去不敢告诉家长和老师，想用满足勒索者对财物的要求来解决问题。其实这是不可能的，因为这样的行为让他明白他勒索的对象是软弱的，可以继续下去，要知道贪婪的人的欲望是永远不能得到满足的。

妈妈：你说的非常好！

*****　*****　*****　*****

Frankie：上周有一天放学，您因为加班没去接我，于是我自己走路回家。当我走到干面胡同口的时候，有两个男人走过来问我："小同学，东堂子胡同怎么走？"我说不知道。他俩又问："小同学，你家住哪呀？你家不住这附近吗？"我假装没听明白，没有理他俩，只是迅速地往旁边的华丽大厦那边跑，从大厦南门进去，从大厦北门出来，然后顺着金宝街大路回家，到楼门口，我反复地看，发现没有人跟踪我才跟着 6 楼的叔叔一起坐电梯上楼。您说我处理得怎么样，方法正确吗？

妈妈：儿子，你真机智！做得非常好！我再补充几点，让我们的方案更完美。

遇到陌生人问路，首先要保持距离，提高警惕，避免上当。陌生人问路，一定要保持适当距离，以对方不能伸手一下子抓住自己为宜。时刻观察对方的情况，发现异常则迅速采取自我保护措施。

其次，也不要因为要自我保护就拒绝帮助真正需要帮助的人，帮助别人的时候要热情真诚，但不要过分。对问路之人一定要热情，尽地主之谊，但不要过度，指出正确位置，讲出大概距离就可以了，千万不可热心地给对方带路，即使对方怎么要求也坚决不能答应。

再次，不要与问路人黏糊。简明扼要地指路以后，马上就离开问路人，对故意问东问西之人，应该提高警觉，注意保护家庭与个人隐私。这个，你做得非常好！

最后，学会拒绝。当自己不知道具体路线时，一定不要逞能，告诉对方自己不知道，请他们问其他人。如果对方提出额外要求，特别是希望你带路去，应立刻回绝，不能犹豫，更不能随意发善心。

关于防止跟踪、尾随这点，你也做得非常好。行走在路上，遇到有人跟踪，要保持高度的警觉性，自我防卫意识要强；在脑子里要多问几个为什么、安全吗、怎么办，同时时刻警惕，谨防引狼入室，在外面绝对不能把钥匙挂在脖子上，更不能与陌生人随便讲话，泄露家庭隐私。发现有可疑之人尾随时要机智摆脱，千万不能大意，不要惊慌。不要急着进单元门，可以到保安面前说一下情况，请他们帮你摆脱可疑之人；可以到熟悉的爷爷、奶奶休闲的地方，告诉爷爷、奶奶有可疑情况，请求帮助；也可以直接去居委会反映情况。另外，可以在小区的大门保安室或者物业办公室里，给家长打电话，等家长到来。还要注意谨慎开门，危险是在进了单元门，开自己家门的时候。进单元门后，要注意观察，看楼上楼下有无形迹可疑的陌生人，如果有，不能开门，要自然地退出，也可以敲邻居家门，说明情况，希望邻居帮助。发现有陌生人站在自己家门口，应赶快退出，立刻报告有关人员。

Frankie：我在美国小姨家的时候，无论小姨和小姨夫多忙，他们从来不把我单独放在家里，每次小姨夫要上班、小姨有课要去学校的时候，小姨夫都把我带到他公司办公室，让我在办公室写作业，因为美国的法律规定不能把未成年人单独放在家里。不像你们总说我已经长大了，你们有事忙的时候，总把我单独放家里。你们太不保护未成年人了！

妈妈：呀，小男生抱怨了，给我们提意见了！以后我注意尽量不加班，尽量不单独把你放在家里。不过说句实在话，我真的对你很放心，因为你的独立生活能力很强。不过，对于你刚才提的意见，我分析，你单独在家的时候一定遇到过什么让你感觉难处理的事情了，是不是？

Frankie：老妈也很聪明呀。有一次，我独自在家，有人敲门，还说是居委会送市政府给每家发的盐勺的。我想楼下单元门的门禁坏了，任何人都可以随意进单元门了，所以有些担心，又从门镜朝外看看，不是咱们楼长奶奶，我就更不敢开门了。你说再遇到这种情况，我该怎么办呢？

妈妈：你做得基本正确。父母不在家，千万不能贸然给陌生人开门，无论他说自己是什么身份。遇事要机智灵活，要提高警惕性，时刻把生命安全摆在第一位。家里记事板上记着很多常用的电话，有居委会、物业的电话，必要时可以打电话向他们求证或求助。

Frankie：上中学后，我们班很多同学都开始愿意上网聊天了，他们还结交了很多的网友、博友。据说这些网友、博友关系都特好。甚至小梁的网友还约小梁去什么地方见面，您认为小梁应该去见网友吗？

妈妈：妈妈认为，要和网友、博友有距离感，既然是虚拟的朋友，就不能像现实中的朋友一样投入全部的信任，也没必要从虚拟的网络走到现实的世界，搞什么见面活动。所以建议提高警惕，不去会见网友。网友的情况很复杂，一般情况下，涉世未深的青春期青少年，与并不真正熟悉的人约会，很容易上当受骗。你盲目去见面，后果很严重。要仔细想一想后果，千万不能一时冲动，干出后悔都来不及的事。

如果有事一定要约见网友的话，也要一五一十地把情况告诉家长，听家长的意见，必要时可让家长陪同前往。

发现受骗，迅速报警。万一出现类似上面那样被骗的情况，要立刻报案，积极为警察的侦破工作提供线索。

Frankie：您还记得小学时原来我们班那个最瘦小的男生张鹏吗？他现在在二班，听说上个月他过生日的时候，请几个好朋友去网吧玩了一整天。我不知道为什么有人这么喜欢网吧，有那么多有意思的事情可干呢！我可不愿意去，我想问的是，如果他也邀请我，我该怎么办？

妈妈：现在，人类社会已经进入了网络时代，这是无须质疑的。而网络科技的高速发展，给人们的生活、工作带来无比的方便与快捷，让人们开阔视野、获取各种知识，极大地提高了人们的生活质量和工作效率。上网浏览新闻、查找资料、搜索信息、下载游戏和音乐等，已经成为司空见惯的事了。

但事情总是有利有弊。网络就像一把双刃剑，用好了受益多多，反之则害人不浅。英国曾经公布了这样一份报告：“网瘾正如传染病一样，通过四通八达的网络，感染全球各地的无数网友。过分迷恋上网有损身心健康，严重的会导致心理变态，危害程度不亚于酗酒或吸毒。”因此，也有人把它比作“电子海洛因”或“网络鸦片”。尤其对于思维活跃、追求新奇而又缺乏分辨和自控能力的青少年来说，沉湎于网络游戏或其他不健康的东西，做了网络的“俘虏”，不仅会耽误学习，而且对身体有害。

* * * * *　* * * * *　* * * * *　* * * * *

Frankie：12 岁是人生一个新阶段的开始，今年班里同学大多过了生日，每次生日聚会都有很多同学参加，有几个男生在开生日 PARTY 的时候，都给大家准备酒了，他们都说啤酒小孩可以喝，您说我们小孩能喝酒吗？

妈妈：少量、适度的饮酒对人体不会有很大的伤害。但是，饮酒成瘾后很容易形成酗酒，对身体和心理发育的危害都是极大的。

首先，酗酒影响人的内脏器官，特别是肝脏。另外，酒精还会刺激胃黏膜，导致胃酸过多，从而造成胃和十二指肠溃疡以及慢性胃炎等。此外，酒精还会增加心脏负担，给心脏带来不利影响，严重时可诱发心肌梗死。其次，酗酒会严重损害人的中枢神经系统。

对于身体尚在发育中的青少年，饮酒会影响人的生殖系统，损伤性功能和影响性发育，继而影响将来的婚姻生活。酗酒可损害内分泌功能，造成雌激素分泌相对增多，而有活性的雄激素则相对减少，致使睾丸萎缩，出现阳痿。酒精能损伤精子，受到损伤的精子如果与卵子结合，就会影响受精卵在女性子宫内的发育，引起流产。即使小孩生下来，也有可能是畸形儿或低能儿。尤其是边喝酒边吸烟，因为尼古丁能够溶于酒精，吸烟时烟雾里的尼古丁更易进入人体，两者的共同作用对人体的危害远远超过单一的作用，对人的危害也更大。

你们这个年龄，非常在意同伴间的关系和评价，有时为了证明自己讲义气、重友情，或者怕被同伴说没有出息、胆子小，而跟伙伴们一起饮酒抽烟。其实，这并不是讲义气、重友情的表现，反而是懦弱、不明是非，因为如果真的讲义气、重友情，就应该为自己、也为同伴的健康和未来着想，不仅自己不要吸烟饮酒，也要劝导他们不要沾染这些不良习惯。

* * * * *　* * * * *　* * * * *　* * * * *

Frankie：提到吸烟，我想问个问题。我看见我们旁边那个中学的多数男生和女生都会吸烟。看见香烟，我就想到您以前给我看过的一幅图：肺是黑的，牙齿是褐黄色的，气管是堵塞的可怕景象，心里就产生一种对香烟的厌恶感。我想知道，万一有人请我吸烟，我该怎么办？

妈妈：香烟中所含的尼古丁能在一定程度上和一定时间内提高大脑的兴奋性，也就是吸烟人说的提神。但是工作效率的提高主要在于大脑兴奋制造过程的平衡，用吸烟的方法来提高大脑的兴奋性，往往同时也会引起神经系统的不平衡和不协调，因此这样的兴奋只是暂时的，接下来会是更严重的疲劳。

医学已经证明，吸烟对人的身体有百害而无一利。每吸 1 支烟，平均会使人的寿命缩短 5 分半钟，吸烟可使期望寿命减少 5 ~ 8 岁。世界卫生组织的一份报告指出：全世界每年有 100 万人因吸烟而过早死亡。而且，吸烟对人的影响是累积性的。有害物质被吸入人体后会使身体上的各个器官遭受危害，特别是气管、肺、咽喉受到的危害最大，吸烟是诱发肺癌的原因之一。

所以，最好不要因为一时的好奇而沾染这种不良的生活习惯。

如果遇到别人给你递烟并请你吸烟，你可以试着用这些方法拒绝：一是坚决拒绝。遇到同学请吸烟，不能有半点犹豫，更不能半推半就，要以很严肃的态度回绝同学的“好意”。不能以就“试一次”，出不了什么事的想法迎合同学的“好意”。其实，很多不良后果就是在“试一次”的思想驱动下发生的。二是善意地开展批评，牢记未成年的学生不能吸烟的规定。发现同学吸烟，应该立即制止，告诉同学吸烟有害健康。烟草中含有许多种有害气体，尼古丁是生命的杀手，对青少年的身体健康损害大。吸烟可以把人的手指熏黄，牙齿熏黄，影响美观。吸烟不慎还会引发火灾，造成重大损失。三是告诉老师与家长。真正的好同学是应该互相帮助的，同学不听你的规劝，你可以采取机智的办法告诉老师或同学家长，使同学尽快改正不良行为，远离香烟。

* * * * *　* * * * *　* * * * *　* * * * *

Frankie：这周上计算机选修课的时候，我发现我旁边的一个同学在偷偷上“色网”，还招呼我看。我一看是“色网”，感觉特恶心！所以没搭理他。您说下次还遇到这样的事情该怎么办呢？

妈妈：对于你们这些即将或已经进入青春期的青少年，对性的好奇很正常，也并不是坏事，但因好奇而陷入性诱惑却是非常可怕的事。现在的社会已经开放了很多，无论社会、学校、老师还是家长，都已经接受了应该在适当的时候开展青春期性教育的观点，你们完全可以通过正常的渠道去学习和了解性知识。

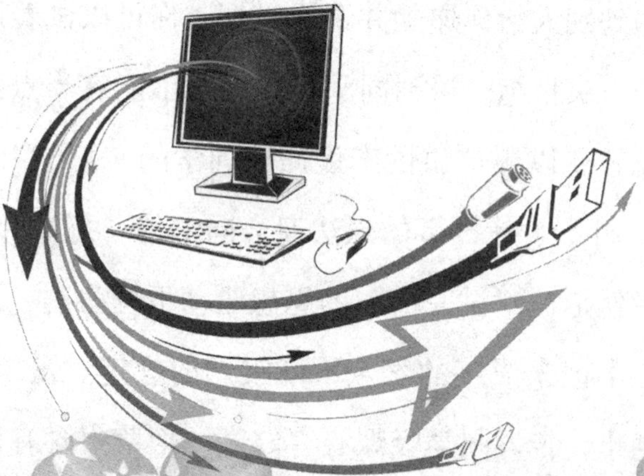

首先，科学的知识来源是保证获得正确性知识的前提，也是维护自己身心健康的基础。你们可以去找一些相关的科普读物，也可以去问老师，心理教师、生物教师和校医都能回答你们的问题，也可以去咨询社会上越来越多的相关机构，你们的问题都会

得到科学的解释。学校会在适当的时候开设生理卫生课或性教育课堂，这也是你们共同讨论、学习相关知识的机会。

但是，不要在其他公共场合随便谈论性话题或以此开玩笑，不要随便将自己的性幻想或性器官示人，也不要打听别人的相关情况，对性保持尊重的态度。你的态度表明了你的立场，这会让那些有其他企图的人知难而退；更不要因为交友不慎而阅读色情书刊、看含有色情内容的光盘以及动画片、浏览黄色网站，甚至去色情场所。有一句话“不要在诱惑面前检验自己的毅力”，说得非常有道理。当有人给你色情物品或拉你去色情场所的时候，应该果断地说“不”，并坚持抵制诱惑。远离那些不健康东西的“骚扰”，对自己是最好的保护。

* * * * *　* * * * *　* * * * *　* * * * *

Frankie：青春期自我保护的内容就这么多了吧，我觉得能想到的，我们都讨论到了，我们共同讨论出的这些方法就是我们青春期青少年的装甲，怎么样，这装甲够完善的吧？

妈妈：很不错，不过还有一个很重要的内容，这个内容对于青春期青少年来讲非常非常重要，那就是要珍爱生命，远离毒品。

Frankie：毒品？是电视剧里经常说的海洛因吗？

妈妈：毒品是一种既残害身心健康又容易上瘾的危险物质，吸食它，往往几秒钟就可以完成，但这短暂瞬间，却把青少年拉向了一个制造虚幻快乐的地狱。

毒品的种类繁多，除了海洛因这种传统毒品外，现在还出现对青少年危害更大的一些新型毒品。海洛因，一个庞大的毒品家族，通常呈白色的粉末状，吸食时立刻会有一种满足感，减轻身体上的疼痛。摇头丸，一种大小不等、颜色各异的药片，吸食后人会开始不断地跳舞，一直到药效失去作用，精力疲乏，不能支持。还有冰毒、吗啡、迷幻药……目前，世界上的毒品种类已达200多种。

无论哪一种毒品，都会在给人带来短暂快感的同时，对人体产生高度的心理和生理破坏。在心理上，毒品作用于人的神经系统会产生一种精神效应，使人对毒品产生强烈的渴求。毒品会摧毁吸毒者的精神和意志，使其堕落、道德沦丧，出现人格解体、心理变态、丧失人性等。一旦停止食用毒品，人体的生理功能就会发生紊乱，并伴有不安、焦虑、忽冷忽热、流泪、出汗、恶心、呕吐、腹痛、腹泻等不适感。久而久之，会导致记忆力衰退，营养严重不足，抵抗力下降，多种疾病发生。

毒品，是一个吸血的恶魔。在毒品的虚幻梦境中，演绎了一幕又一幕的人间悲剧。

青少年阶段是人类成长过程中最旺盛的阶段，也是心理发展最不稳定的一个阶段，孩子们的生理和心理都不成熟，一旦受到社会上的不良影响，毒品便乘虚而入，孩子们就等于为自己埋了一颗定时炸弹，走向了一条通往地狱的绝望之路。一旦吸毒成瘾，会导致记忆力衰退、学习能力降低、身体免疫力下降、增加多种疾病的发生率，严重摧残孩子们的身心健康。如果采用静脉注射、肌肉或皮下注射的方式吸毒，注射器和针头的消毒效果不好，还会传染皮肤病、性病、艾滋病等。

毒品的危害是巨大的，它能征服人的意志。一旦沾染上毒品，它可以使人陷入终身倚赖；它可以抑制人的呼吸，麻痹人的神经，破坏人的血液循环系统，造成人心理失常等等，最终使一个个鲜活的生命迅速地、难看地消逝。还记得有一次我让你看电视上的吸毒者的可怕的照片吗？其实，所有吸毒者最终都是这个形象。

Frankie：毒品这东西太可怕了！

妈妈：的确非常可怕！这些毒品对青少年身心健康具有极大影响，吸食者可以对个人仪表、卫生、饮食均失去兴趣，人格发生变化，可产生“去人格化”，事业上的进取心减退，或根本失去工作、生活、学习能力，常会出现危害社会的犯罪和攻击行为。因此，青少年一定要认识毒品的危害，勇敢地对其说“不”。

好奇心和冒险心往往成为毒品蔓延的温床。求新、好奇是人的天性，正确把握它们，能给你的创造带来动力；把握不好，则可能带来灾难。因此要提高自己的自控能力，千万不要去尝试吸毒的滋味。千万不要相信“吸一口没事”“吸一次不会上瘾”，要记住“吸了第一口，就没有最后一口”；千万不要相信“我吸了不会上瘾，我吸了能够戒掉”，要记住“吸毒有如打开地狱之门”，任何人踏进去，都如同坠入灾难的深渊。为了终生远离毒品，不论出于什么动机，不论出现什么情况，我们都要坚定地把握住自己，永远不要去尝试第一口。

再有，幼稚的崇拜心理也容易造成在毒品方面失足；从众的心理也是造成在毒品面前失防的重要原因之一。这种情况尤其容易在未成年人中出现，而贪图享乐的心理也为毒品乘虚而入提供了机会。

另外，调查显示，大多数吸毒人员是在朋友的影响下坠入毒品深渊的。为此，要想终生免受毒品的侵害，重要的一条就是要慎重交友，并且时时警惕，拒绝毒品。

Frankie：看来青春期的青少年真的需要提高警惕，时时提醒自己，抵制各种不良诱惑。

妈妈：非常对！青春期自我保护的核心就是珍视自己年轻的生命。

附录　趣味小测试

测试一　青春期的心理转折

心理卫生学和精神病学所说的适应，主要指对人际关系、社会的适应。怎样才算适应良好呢？一些心理学者通过研究，提出40条标准，中学生可以根据这40条标准进行自我鉴定。

1. 对家庭、班级和学校的生活感到很习惯。（　　）
2. 能以一定的灵活性适应周围的人际关系。（　　）
3. 做事情总是有明确目的，在一般情况下能说到做到。（　　）
4. 当自己的行为遭到反对时，能及时地自我调整，不一意孤行。（　　）
5. 经常留心周围人际环境的变化。（　　）
6. 有助人为乐精神，肯关心帮助别人。（　　）
7. 对周围的人持信任态度。（　　）
8. 待人热情、友善，而不是冷漠无情。（　　）
9. 能站在别人的角度体会他们的内心情感。（　　）
10. 讲良心，做了错事感到内疚。（　　）

11. 能基本正确地评价自己的各种品质。 (　　)

12. 有适度的自尊心。 (　　)

13. 以积极的态度看待自己的形象。 (　　)

14. 没有明显的自卑感。 (　　)

15. 有一定的自我控制能力。 (　　)

16. 在多数情况下能独立决定自己的行为。 (　　)

17. 懂得学习的重要性，学习态度端正。 (　　)

18. 对家庭和学校生活感兴趣，认为自己是幸福的。 (　　)

19. 学习不感到非常困难，经过努力可以达到中等或中等以上水平。 (　　)

20. 在集体生活中有一定的责任感，愿为集体出力。 (　　)

21. 对学习和课外活动中有主动精神。 (　　)

22. 不做多数人反对的事。 (　　)

23. 在集体中占有一定的位置，不是被遗忘的人。 (　　)

24. 按时作息，睡眠良好。 (　　)

25. 没有经常头痛的现象。 (　　)

26. 从来没有记忆突然减退、学习成绩大幅度下降的现象。 (　　)

27. 能和异性同学正常交往。 (　　)

28. 对自己的性发育情况有正确的了解和评价。 (　　)

29. 对“性”的问题好奇，但不过分关注。 (　　)

30. 没有不良的性行为习惯。 (　　)

31. 没有明显地陷入早恋而不能自拔。（　　）

32. 在一般情况下，情绪正常、乐观。（　　）

33. 对困难和挫折有一定的承受能力。（　　）

34. 能控制自己的愤怒、焦急和忧虑等不良情绪。（　　）

35. 有一定的胆量和勇敢精神。（　　）

36. 在多数情况下表现诚实。（　　）

37. 对不公正的事情表示气愤。（　　）

38. 愿意承担自己应承担的义务。（　　）

39. 对父母有爱和依恋之心。（　　）

40. 对自己的前途充满希望和信心。（　　）

对每一题，先对照自己平时的实际表现想一想，能做到或基本能做到的记 1 分，否则记 0 分。总分在 36 分以上为适应非常好；29 - 35 分为适应良好；24 - 28 分为尚能适应；23 分以下为适应不良；15 分以下为严重适应不良。

测试二　你的自信感有几分？

自信感是对自己的一种积极的自我感受，是对自己的接受、认可、肯定的自我体验。它是我们心理健康的支柱。你的自信感如何？请仔细阅读下面 30 个小问题，理解题意后，按照你的第一反应，如实回答“是”或“否”。

1. 我想要做的事就一定能做到。（　　）

2. 我的观点常与众不同，具有独特性。 (　　)

3. 我感到身心不易轻松。 (　　)

4. 我常认为我是正确的。 (　　)

5. 我常思考别人会用什么方式对待我。 (　　)

6. 我是一个有主见的人。 (　　)

7. 我的习惯大部分都是好的。 (　　)

8. 我是一个有才能的人。 (　　)

9. 人定胜天。 (　　)

10. 我在许多方面都比别人强。 (　　)

11. 我时常喜欢自夸。 (　　)

12. 求人不如求己。 (　　)

13. 我虽然有明确的目标但缺乏计划性。 (　　)

14. 我常担心别人看不起我。 (　　)

15. 我希望别人能多给我一些帮助。 (　　)

16. 我非常乐于助人。 (　　)

17. 我觉得社会不大需要我喜欢做的工作。 (　　)

18. 我觉得许多人都不怎么喜欢我。 (　　)

19. 我对周围缺乏安全感。 (　　)

20. 天生我才必有用。 (　　)

21. 我从不自责。 (　　)

22. 我常不满足于现状。 (　　)

23. 我觉得别人无论做什么都比我容易。 (　　)

24. 我担心有什么不幸的事会发生在我身上。（　）

25. 我善于与人交往。（　）

26. 我觉得自己容易陷入窘境。（　）

27. 我相信明天会比今天好。（　）

28. 我生活得很充实。（　）

29. 我对未来深感忧虑。（　）

30. 与他人相比，我的精力不足，效率不高。（　）

评析：

第1、2、4、6、7、8、10、12、16、20、21、22、25、27、28各题回答“是”则各记1分；第3、5、9、11、13、14、15、17、18、19、23、24、29、30各题回答“否”则各记1分。将得分相加，总分就显示了你自信水平的高低。

27分以上，说明你的自信不成问题，你平时给人的印象是从不自卑，但有些人会觉得你自大。所以对你来说，应防止过高评价自己。

22~26分之间，说明你的自信是适当的。你很少自卑，做事踏实，常会取得好成绩。

18~21分之间，说明你的自信水平在常态范围之内，注意适当增强就是了。

17分以下，说明你的自信不足，但你的内心总想给他人留下好印象。你需要积极调整，增强自信，必要的时候可以寻求专业的心理帮助。

测试三　你是受欢迎的人吗?

对下面的每一种说法，同意的在后面记“是”，不同意的在后面记“否”。

1. 人们必须牢记，与自己交往的人时时都在注意自己的一举一动。　(　　)

2. 与朋友交谈时，应该畅所欲言，例如开怀畅谈自己的爱好，不管朋友们是否有相同的爱好。　(　　)

3. 即使很不想这么做，最明智的还是为了维护个人的体面而去这么做。　(　　)

4. 如果在闲聊中听到别人说的话与事实有出入，就应该发表自己的看法纠正这些说法。　(　　)

5. 与不熟悉的人初次见面时，应尽可能地使自己显得聪明潇洒，以便给他人留下好印象。　(　　)

6. 经介绍与人初次相识时，如果没听清对方的姓名，就应请介绍人再说一次。　(　　)

7. 要得到别人的尊重，就得注意绝对不能成为别人的笑柄。　(　　)

8. 一个人应该处事谨慎，以免被旁人耍弄，被人笑话。　(　　)

9. 与言谈幽默风趣、才华横溢的人交谈时，应该努力说些巧妙的话。　(　　)

10. 应时时注意别人的言行，使自己的言行与周围相处的人的情绪相吻合。（　）

11. 应帮助自己的朋友，因为自己将来总有一天可能会很需要朋友的帮助。（　）

12. 帮人帮得太多是不值得的，因为不知到底有多少人会真正感激你。（　）

13. 与其靠别人，不如让别人靠自己。（　）

14. 真正的朋友对友人总是努力给予帮助的。（　）

15. 应尽力使别人真正同意或赏识自己。（　）

16. 朋友聚会时，听见别人说一个自己以前听过的笑话，就应叫这个人住口。（　）

17. 朋友聚会时，即使听见别人说一个自己以前听过的笑话，也应有礼貌地随大家一起开怀大笑。（　）

18. 如果朋友邀请你去他家做客，但你想去看电影，这时应借口推脱，而不应该直接讲出真实原因，以免伤了朋友的感情。（　）

19. 作为一个真正的朋友，就应该坚持要求与自己关系密切的人做对他们最有益的事，即使他们不愿意那样去做。（　）

20. 当他人对你的看法偶尔提出不同意见时，不应冒失地试图说服他人，并强硬地为自己的观点辩护。（　）

评析：

按照下面的评分规则，给每题记分。

题号	是	否	题号	是	否	题号	是	否	题号	是	否	题号	是	否
1	0	1	5	0	1	9	0	1	13	1	0	17	0	1
2	0	1	6	1	0	10	0	1	14	1	0	18	0	1
3	0	1	7	0	1	11	0	1	15	0	1	19	0	1
4	0	1	8	0	1	12	0	1	16	0	1	20	1	0

然后，把各题得分相加，作为总分。

18 ~ 20 分，说明你是一个很讨人喜欢的人；

14 ~ 17 分，说明你与他人的关系比较融洽；

8 ~ 13 分，说明你被他人接受的程度一般；

0 ~ 7 分，说明你不被他人喜欢，应该注意自我调整。

测试四　你的自我监控力如何?

你的自我监控能力如何？请回答如下问题，并在每个问题后面的“是”“否”下面打“√”。

1. 我发现自己很难模仿别人的行为。（是　否）

2. 我的行为通常反映了自己真实的内心体验、态度和信念。（是　否）

3. 在聚会或者社交场合，我不会试图说或做一些讨别人喜欢的事情。（是　否）

4. 我只会为自己相信的观念辩护。（是　否）

5. 我可以针对一些我一无所知的主题发表即兴演说。（是　否）

6. 我认为自己只不过是在演戏，并以此打动或取悦别人。

（是　否）

7. 当对自己的行为没有把握时，我会通过观察别人的行为来寻找线索。（是　否）

8. 我可能会成为一个好演员。（是　否）

9. 我很少根据朋友的意见来选择电影、图书或者音乐。

（是　否）

10. 我有时会向别人表达出比实际更深刻的情绪体验。

（是　否）

11. 相对于独自一人，和别人在一起看笑话，我会更容易发笑。（是　否）

12. 在人群中，我很少成为注意的焦点。（是　否）

13. 在不同的情境中或者和不同的人在一起，我的行为方式会完全不同。（是　否）

14. 我并不特别擅长讨别人喜欢。（是　否）

15. 即使我觉得很无聊，我也装得很高兴。（是　否）

16. 我并不总是我看起来的那个样子。（是　否）

17. 我不会通过改变自己的观点或行为来取悦别人或者赢得他们的喜爱。（是　否）

18. 我曾考虑过做一个演艺人员。（是　否）

19. 为了能够友好相处并被人喜欢，我倾向于成为人们所期望的样子。（是　否）

20. 我从不擅长看手势猜字谜，以及即兴表演之类的游戏。

（是　否）

21. 我不大会改变自己的行为来适应不同的人和环境。

（是　否）

22. 在聚会时，我不会打断别人的玩笑和故事。（是　否）

23. 和人在一起的时候，我总感觉有些尴尬，表现也不如实际那么好。（是　否）

24. 如果为了一个好结果，我可以看着别人的眼睛若无其事地说谎。（是　否）

25. 即使我非常不喜欢他们，我也会装得很友好。（是　否）

评析：

5、6、7、8、10、11、13、15、16、18、19、24、25 题选“是”得 1 分，1、2、3、4、9、12、14、17、20、21、22、23 题选“否”得 1 分。将总分加起来，得 12 分或以下，属于低自我监控，得 13 分或以上，属于高自我监控。

测试五　你的自我管理能力如何？

请如实地以“是”或“否”的形式回答以下问题：

1. 一旦你下定了决心做某事，即使同学反对，甚至家长和老师也不完全赞同，你仍然会坚持做到底吗？（　）

2. 你不爱或很少欣赏自己的照片吗？（　）

3. 对老师的赞赏，你会持怀疑态度吗？（　　）

4. 你认为自己是个比较完美的孩子和学生吗？（　　）

5. 无论在家里还是学校，你都认为自己是个受欢迎的人吗？（　　）

6. 班会上，面对班主任和众多同学，你很少发表真正的见解吗？（　　）

7. 你总爱低着头走路吗？（　　）

8. 你认为你的优点比缺点多吗？（　　）

9. 你任由父母、老师或同学来支配你的生活吗？（　　）

10. 在未做一件事之前，你总觉得能够成功吗？（　　）

11. 如无特殊情况，你每天都能早起吗？（　　）

12. 你为了能够增强自己体质和毅力而热爱长跑、爬山等体育运动吗？（　　）

13. 你做事常常是“吃着碗里看着锅里”，兴趣游移不定吗？（　　）

14. 你下决心坚持的事情（如每天背诵一首唐诗宋词），不论遇到什么困难（如要复习期末考试），都能够持之以恒、坚持不懈吗？（　　）

15. 你的作息时间没什么标准，完全靠一时的兴趣与情绪决定，常常突然变化吗？（　　）

16. 在学习中遇到了难题，你首先想到的是先问一问同学或老师吗？（　　）

17. 你办事拈轻怕重，致使家长和老师都不放心让你干难度较大的事情吗？（ ）

18. 你能长时间做一件无比重要但又十分枯燥的事情吗？

（ ）

19. 你坚信：一个学生的成功取决于良佳的机会，而非他的个人奋斗吗？（ ）

20. 你认为老师布置的作业不必太认真对待，会做就做，做不好就应付一下算了，是吗？（ ）

21. 你正在同学家做客，茶几上放着一盒你非常爱吃的巧克力，但你的同学无意给你吃。当你的同学离开房间时，你会静坐着，拒绝巧克力的诱惑吗？（ ）

22. 跟同学发生争执时，有时虽然明知自己理亏，你却忍不住说一些过头的话，甚至开口谩骂吗？（ ）

23. 你尊敬师长，礼待同学，从不无故发脾气吗？（ ）

24. 有一天，在你值日的时候，发现同桌的日记摆在书桌上，你一直很想知道她（他）对你的真实评价，你会立即收好不去偷看吗？（ ）

25. 偶然一次，你发现在教学楼的旮旯处有个同学偷偷抽烟，你会好奇地凑过去共同“品尝”吗？（ ）

26. 试卷发下来，发现成绩很不理想，你会一气之下将试卷撕个粉碎吗？（ ）

27. 与人交往时，你是否能够控制好自己的表情？（ ）

28. 有人侵扰你的学习时，你会努力警告对方吗？（　）

29. 在你的生日晚会上，有位同学突然有事爽约，你是否表示理解呢？（　）

30. 你做班干部十分辛苦，自我感觉良好，却不料班主任还大为不满，你会拂袖而去，辞职了事吗？（　）

31. 在市场购物时，你十分相信自己的眼光，不希望身边有父母或同学等“高参”吗？（　）

32. 你得到了某新一代电脑游戏，在无人指点的情况下，会决定马上试玩一下吗？（　）

33. 你的裤子不小心刮破后，你会请妈妈帮你缝补吗？

（　）

34. 你是否是家里的“名厨”，拿手好菜经常得到爸妈的赞赏呢？

（　）

35. 你认为懂得一些防火、防电、防震、防污染等基本的生活常识没用吗？（　）

36. 你觉得抄袭一次同学的作业“无伤大雅”吗？（　）

37. 你总是在遇事无能为力的时候，才向老师或同学讨教吗？

（　）

38. 你经常感觉自己的生活和学习缺乏头绪吗？（　）

39. 你总希望与其他同学共同完成老师交代的事情吗？

（　）

40. 你常给班主任提供一些富有建设性的建议吗？（　）

评分标准：

第1、4、5、8、10、11、12、14、18、21、23、24、27、29、31、32、34、37、40题回答是“是”计1分，回答“否”计0分；其余各题回答“否”计1分，回答“是”计0分。

测试结果：

第一等级（25～40分）：生活和学习各方面都很自信，不爱放弃，不甘服输，意志力坚强，较能控制自己的情绪，不急不躁，不温不火，而且具有较强的独立性。

第二等级（12～24分）：基本能够保持自信状态，但有时会受外界刺激而感到自卑和胆怯，有一定的毅力，能迎难而上，情绪起伏不大，对自己的交际效果不会造成太大影响，自立能力较强，也能力争上游。

第三等级（11分以下）：你的自我管理各方面表现得都不十分理想，很容易受环境左右，也不容易影响别人，非智力因素的欠缺已经制约了智力水平的发挥，需要立即改进。